世界を導く
日本の正義

大川隆法
Ryuho Okawa

まえがき

言論《げんろん》で世の中を動かすということは、なかなかの難事業《なんじぎょう》である。講演会に来て直接、私の話を聞いて下さる方も、著書を読んで下さる方も、数《かず》としては限《げん》界《かい》があり、世論《せろん》を変えるためには、ひたすらに、不惜身命《ふしゃくしんみょう》で、汗《あせ》を流し、行動を続けるしかない。

私は今、この国の正義《せいぎ》と、世界の正義とを両方《りょうほう》にらみながら、何《なに》が正しいのか、何を選びとるべきなのか、どう行動すべきなのかを発信《はっしん》し続けている。

私心《ししん》を去《さ》り、後世《こうせい》の人々を導《みちび》く一燈《いっとう》となる。願《ねが》いはこの一点《いってん》にあり。

本書では、かなり言いにくいことも、はっきりと述《の》べている。責任《せきにん》は、私《わたくし》一人《ひとり》にある。批判《ひはん》したくば、されるがよい。これが、私の考える、「世界を導く日本の正義」である。

二〇一六年　四月十日

幸福《こうふく》の科学《かがく》グループ創始者兼総裁《そうししゃけんそうさい》　大川隆法《おおかわりゅうほう》

世界を導く日本の正義　目次

まえがき　3

第1章　世界を導く力

二〇一六年二月十五日　説法《せっぽう》
東京都・TKPガーデンシティ品川《しながわ》にて

第2章　夢を実現する心

二〇一六年三月二十七日　説法
富山《とやま》県・高岡《たかおか》市民会館にて

第1章

世界を導く力

二〇一六年二月十五日　説法《せっぽう》

東京都・TKPガーデンシティ品川《しながわ》にて

1　世界は「ターニングポイント」を迎《むか》えつつある

難しいテーマが多い、「国際政治」に関する法話《ほうわ》

二月半《なか》ばの寒い夜にお集まりいただきまして、まことにありがとうございます。

東京での説法《せっぽう》なので、もう一段大きな会場を探していたのですが、「東京オリンピック需要《じゅよう》」で、二月はどこも改装作業をやっており、借りられない状況《じょうきょう》です。

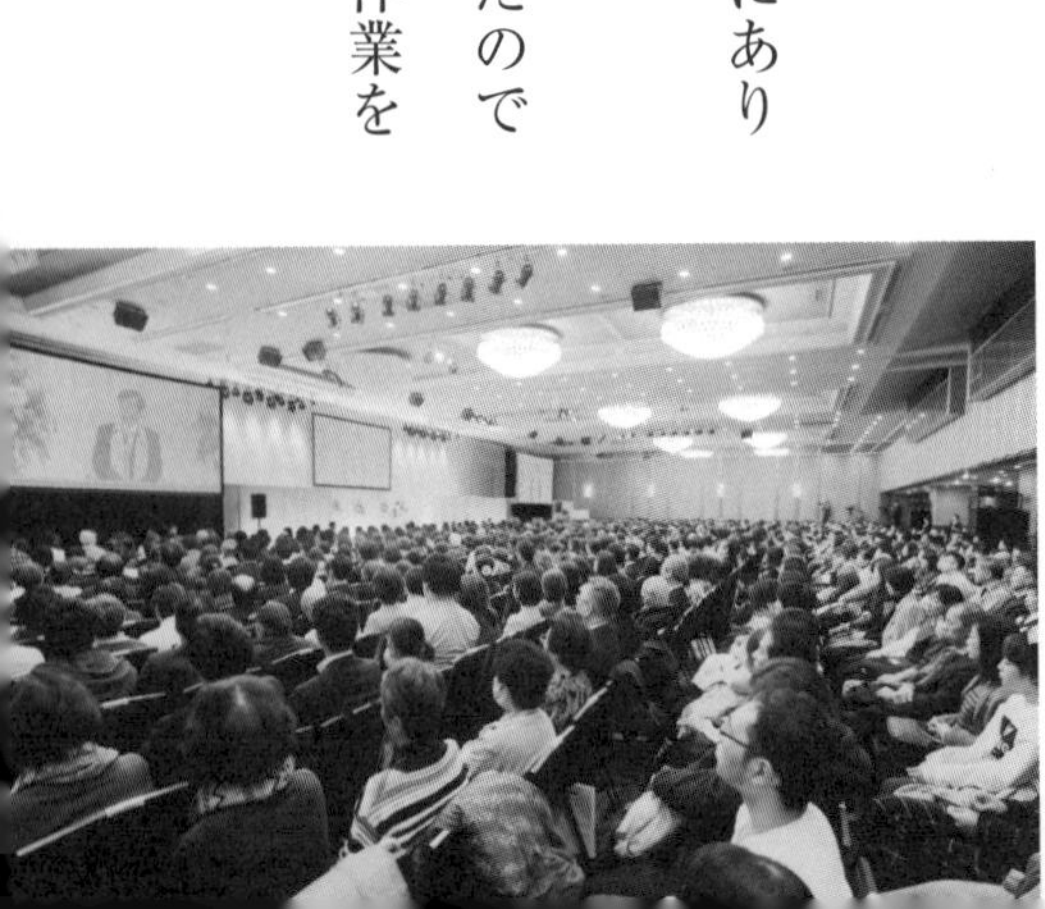

講演会「世界を導く力」の本会場風景（2月15日、東京都・TKPガーデンシティ品川にて）

そのため、今回は東京にも衛星中継《ちゅうけい》会場をかなり設《もう》けてあるのですが、本会場に来られなかったみなさんには、まことに申し訳ないと思います。

さて、今年（二〇一六年）は、すでに、「『正義の法』講義」（二〇一六年一月九日説法）を説き、沖縄《おきなわ》では、「真実の世界」という講演（二〇一六年一月三十日説法）を行いましたが（注。この二つの法話《ほうわ》は、『現代の正義論』〈幸福の科学出版刊〉として刊行）、「国際政治」を中心に大きく動いていて、テーマとしては、やや難しいものが多くなっています。

難しいテーマのときには、本来、東京あたりで話をするのがふさわしいのではないかと考えています。

（この会場にお集まりの方々は）やや話のレベ

『現代の正義論』
（幸福の科学出版刊）

ルを上げても構わないみなさんであると認識させていただいているので、ひとつ、よろしくお願いします。

北朝鮮《きたちょうせん》は水爆《すいばく》で「超《ちょう》大国の仲間入り」を狙《ねら》っている

ご承知のように、今年の一月の初めには、北朝鮮《きたちょうせん》が四回目の核《かく》実験を行い、「水爆《すいばく》実験」と彼らは発表しています。

それから、二月の頭には、私の予想していたとおり、「長距離弾道《ちょうきょりだんどう》ミサイルの発射実験」も行われました。

大気圏《たいきけん》外に人工衛星らしきものが飛んでいて（注。今回の発射実験後、軌《き》道《どう》を周回している物体が確認されたが、どのような信号も感知されていない）、北朝鮮は「人工衛星を打ち上げた」と言ってはいますが、水爆実験をしたあとに、「人工衛星の打ち上げ」と言わなくてもよろしいかと思います。

以前の発射実験の際は、ミサイルを「飛翔体《ひしょうたい》」と言っていたNHKやテレビ朝日、朝日新聞なども、今回は、「事実上の長距離弾道ミサイルの発射」と言っていたので、「数年たって、もうそろそろ、向こう（北朝鮮）寄りの説明をすることに我慢《がまん》できなくなった」というのが本音かと考えます。

私は、「世界は一つの『ターニングポイント』を迎《むか》えつつあるのではないか」と考えています。

国連の常任理事国である五カ国しか水爆を持っていないので、金正恩《キムジョンウン》氏は、おそらく、水爆を持っていることを誇示《こじ》することによって、「超《ちょう》大国の仲間入りをしたのだ」と言いたいのでしょうし、他の国に対しても、そういう威嚇《いかく》をしているのだろうと考えます（『北朝鮮・金正恩はなぜ「水爆実験」をしたのか』（幸福の科学出版刊）参照）。

ただ、彼の計算から少し漏《も》れているものもあるかもしれません。

金正恩氏は、核実験と、「人工衛星」と称《しょう》する長距離弾道ミサイルの発射実験をすることによって、アメリカを自分たちと同じ土俵《どひょう》に上げて交渉《こうしょう》するつもりでいるのだろうと思いますが、世の中は、その計算どおりには動いていかないだろうと考えます。

それは、「一国中心で物事を考えている者」と「世界全体を見渡《みわた》して考えている者」との違《ちが》いであろうと思います。

『北朝鮮・金正恩はなぜ「水爆実験」をしたのか』（幸福の科学出版刊）

北朝鮮による核実験とミサイル発射の推移

2006年 7月……　**テポドン2号など計7発の弾道ミサイルを発射。**

2006年 10月……　**1回目の核実験。国連安全保障理事会が北朝鮮に対して制裁決議を採択。**

2009年 4月……　**テポドン2号の改良型と見られるミサイルを発射。安保理は北朝鮮に対して非難声明を採択。**

2009年 5月……　**2回目の核実験。**

※金正恩氏が2011年12月から最高指導者に就任。

2012年 4月……　**長距離弾道ミサイルの発射実験に失敗。**

2012年 12月……　**長距離弾道ミサイル（銀河3号）を打ち上げ、人工衛星軌道に乗せることに成功。**

2013年 2月……　**3回目の核実験。**

2014年…………　**3月の中距離弾道ミサイルの発射など、複数回にわたってミサイルを発射。**

2015年 5月……　**潜水艦発射弾道ミサイルの発射実験に成功。**

2016年 1月……　**4回目の核実験。北朝鮮は「水爆実験」と発表。**

2016年 2月……　**長距離弾道ミサイルを発射。**

2016年 3月……　**中距離弾道ミサイルなどを発射。**

今の段階で、日本は「一つの考え方」を出さねばならない

ここにおいて、すなわち、核実験が行われ、弾道ミサイルが飛んだ段階で、日本としては「一つの考え方」を出さねばならないと思います。

日本は民主主義の国なので、与党《よとう》と野党に分かれて、国会で正反対の議論がなされ、足を引っ張り合うこと自体は、ありうることであろうと思います。ただ、それに終始していてはならないのではないでしょうか。

「この国として、どう考えるのか」ということを発信しなければいけませんし、それは、「この考えが世界に発信されたとき、どのように受け取られるのか」ということまで考えた上で、なされなければならないと考えています。

今日の法話も非常に難しいテーマであり、安倍《あべ》首相にでも、アメリカの大統領にでも、「代わりに話していただきたい。言えるものなら言ってみてほしい」と言いたい演題です。

アメリカの次期大統領の候補者たちにも、「『世界を導く力』について、どうぞ順番に講演してくださいと申し上げたいぐらいですし、「答えられなかったら候補者を辞《や》めなさい」と言いたいところです。「次の大統領になる資格はない」と言って過言《かごん》ではないと思います。

これに答えられないような人がアメリカの大統領になるのだったら、もはや、アメリカは超大国から自然に衰退《すいたい》していくしかないと思われます。

そういうことも視野に入れた上で、今日は、若干《じゃっかん》厳しいというか、際《きわ》どいというか、宗教家としては少し言いにくいことも申し上げます。

みなさんが、それを、どのように消化し、どのように理解し、どのように発信されるかは分かりませんが、ここは東京であり、みなさんは非常に理解力の高い方々なので、よろしくご判断くださり、今後、お使いいただければよいと思います。

立党以来、北朝鮮《きたちょうせん》や中国の危険性を訴《うった》えてきた幸福実現党

今日、私が何を話すかは、第二部に出る予定である幸福実現党のみなさんも、何も知りません（注。本法話のあと、第二部として、「幸福実現党ホンネトーク」が行われた）。

第二部では、釈《しゃく》党首がスイスから衛星中継で〝割り込《こ》んでくる〟とのことで

すが、もしかしたら、これから私が話す内容について、まったく予期していないかもしれません。

ただ、「恥《はじ》をかかせたくはない」と思っているので、今日の私の話は、「いちおう、今までの流れを押《お》さえた上での考え方」ということになります。

二〇〇九年に幸福実現党を立党したときには、あまりにも過激な意見を言っているように見え、マスコミや国民の多くは十分には受け入れかねていましたし、

幸福実現党の釈量子《りょうこ》党首は、2月15日、スイスのジュネーブで開かれた、国連の「女子差別撤廃《てっぱい》委員会」に参加。「従軍慰《じゅうぐんい》安婦《あんふ》問題」について英語でスピーチを行い、日本軍による強制連行が事実無根であることを訴《うった》えた。

この国の流れは、幸福実現党が発信していたこととは逆の方向に〝逆ブレ〟していったと考えています。

民主党政権で三代、首相が続きました。その間《かん》に私が出した本を読んでみると、二〇一〇年から二〇一二年までの霊言集《れいげんしゅう》等で、北朝鮮《きたちょうせん》や中国の危険性について、そうとうはっきりと申し上げています（『温家宝守護霊《おんかほうしゅごれい》が語る　大中華帝《だいちゅうかてい》国《こく》の野望』『北朝鮮――終わりの始まり――』『世界皇帝をめざす男』『中国と習《しゅう》近平《きんぺい》に未来はあるか』〔いずれも幸福実現党刊〕等参照）。

それは、習近平氏が国家主席になる前の段階です。

その後の流れはどうかというと、「本に書いてある内容はまったく外《はず》れていない」という方向に世界は進んできています。

政党（幸福実現党）を立ち上げてから、もう七年近い歳月《さいげつ》がたとうとしてい

幸福実現党は立党した７年前から
北朝鮮と中国の軍事的脅威を訴え続けてきた。
その主な講演録と霊言集。

『「集団的自衛権」はなぜ必要なのか』
（幸福実現党刊）

『救国の獅子吼――2012 街頭演説集① 救国への決断』
（幸福実現党刊）

『政治に勇気を』
（幸福の科学出版刊）

『温家宝守護霊が語る
大中華帝国の野望』
（幸福実現党刊）

『北朝鮮――終わりの始まり――』
（幸福実現党刊）

『世界皇帝をめざす男』
（幸福実現党刊）

ます。

私たちが早めに厳しく言った理由は、「なるべく早く言っておかないと間に合わない」ということでもあったわけですが、当時としては、「早すぎた預言《よげん》者」であったのかもしれません。

ただ、今では、この国は、後追いで少しずつ少しずつ、ついてきていると思います。

「安倍《あべ》首相が国会では言えないこと」を述べておきたい

今日、私が言うことも、少し早くなるというか、何年か早くなるのかもしれませんが、この国において言っておかねばならないことであって、「安倍《あべ》首相が国会ではおそらく言えないであろう」と思うことについて、幾《いく》つか述べておきたいと思います。

何年かすると、国会での議決とは関係なく、自然に、私の言っている方向に動いていくことになっています。ですから、誰《だれ》かがリスクを負わなければならないのなら、私が言うことになっても、しかたがないと考えています。

宗教家の意見としては、やや限度を超《こ》えているかと思いますが、活動の領野《りょうや》が、宗教のみならず、他の分野にまでわたっているので、これについては、しかたがないことだと考えています。

もしかすると、「宗教の領域をやや超えて、あまりにもリアリズムが強すぎる」というような意見を言う人もいるかもしれませんが、過去においても、「危機の預言者」は、いろいろといたわけですし、その時期において受け入れられることはなくても、後《のち》の世において認められた方は数多くいるので、早すぎない程度に言っておきたいと思っています。

2 水爆《すいばく》で日本人数千万人の命が危ない

「水爆《すいばく》」と「長距離弾道《ちょうきょりだんどう》ミサイル」の保有が持つ意味

まずは、現状を分析《ぶんせき》しておきます。

北朝鮮《きたちょうせん》は「水爆《すいばく》実験をした」と言っていますが、それを否定的に捉《とら》え、過小評価するマスコミ報道も数多くあります。「まだ水爆は出来上がっていない」と希望的に観測する向きも、おそらくはあるでしょう。

ただ、原爆実験は、もう、少なくとも三回終わっているので、それ以上の性能を持ったものを、今、開発していることはほぼ確実でしょうし、言葉として出す以上、ある程度、そうした体制を組んでいると思われます。

ご存じのように、水爆は、原爆の数百倍から数千倍もの威力《いりょく》を持っています。広島では十万人以上、長崎《ながさき》では七万人以上の方が、一発の原爆で亡《な》くなりました。

原爆の数百倍から数千倍の威力とは、どういうものでしょうか。いちばん狙《ねら》われやすい東京で考えると、東京に水爆が落ちた場合には、その周辺も含《ふく》め、一千万人から二、三千万人ぐらいの被害《ひがい》を出すことになる可能性があります。

金正恩《キムジョンウン》氏は、ああいう強気な人物なので、彼が狙うとしたら、東京、大阪《おおさか》、名古屋《なごや》、福岡《ふくおか》、こういうところを狙ってくるはずです。そうすると、おそらく何千万かの単位で死傷者が出ることが予想されます。

「水爆が、今、現実に使えるレベルに達しているかどうか」ということは別として、北朝鮮がそれを研究していることは間違《まちが》いありません。いつ完成するかは分かりませんが、それは時間の問題であると思います。

われわれが「危険だ」と言い始めてから、もう、ずいぶん時間がたっています（注。一九九四年公開の映画「ノストラダムス戦慄《せんりつ》の啓示《けいじ》」〔製作総指揮・大川隆法〕のなかで、北朝鮮による核《かく》ミサイル攻撃《こうげき》を暗示していた。また、同年七月の講演「異次元旅行」でも警告を発していた。『ユートピア創造論』〔幸福の科学出版刊〕参照）。だんだん、その性能は上がってきています。

今回は、長距離《ちょうきょり》弾道《だんどう》ミサイルの実験も行われました。何千キロか飛んだようですが、あれがアメ

『ユートピア創造論』
（幸福の科学出版刊）

リカに送っているメッセージは何かと言うと、「核弾頭をつけたミサイルが、もう、ハワイおよびアラスカぐらいまで届くぞ」ということです。

あれは、「アメリカの領土までミサイルが届くぞ。次は、ワシントンやニューヨークに届くところまで行く。次の弾道ミサイルのレベルは、そこまで行きますよ」ということを意味しているのです。

映画「ノストラダムス戦慄の啓示」(1994 年公開／製作総指揮・大川隆法／幸福の科学出版)には、北朝鮮を想定した「北アジア共和国」が核ミサイルを日本に向けて発射しようとするシーン(写真左・上下)が出てくる。

北朝鮮《きたちょうせん》を黙《だま》って見過ごすわけにはいかない

この時点で考えねばならないことは何でしょうか。

だんだん慣れてきて、「北朝鮮《きたちょうせん》が、核実験をしたり、ミサイルの発射実験をしたりするのはいつものことだから、こんなことは、もう、どうでもよい」という見方もあろうと思うのですが、慣れてしまってはいけません。これは重大なことなのです。

これは「憲法九条」だけの問題ではありません。「憲法十三条」における、「国民の幸福追求権」ともかかわることです（注。日本国憲法第十三条は、「すべて国民は、個人として尊重される。生命、自由及《およ》び幸福追求に対する国民の権利については、公共の福祉《ふくし》に反しない限り、立法その他の国政の上で、最大の尊重を必要とする。」と定めている)。

かつての広島の人たちや、かつての長崎の人たちのように、「ある日突然《とつぜん》、ミサイルないし爆弾が落ちてきて、一千万単位の人がこの日本からいなくなる」ということになったら、宗教にとっては大変なことです。

私が供養《くよう》しても間に合いません。とてもではないけれども、数が多すぎます。こちらも何か〝新兵器〟を開発しないかぎり、〝成仏《じょうぶつ》不能〟です。

(供養をするには)十万人ぐらいでも、けっこう大変なのです。こういう死に方をした人の場合、何十年たっても、そう簡単には成仏しないので、数百万人、数千万人となってきたら、それどころではありません。

これは、黙《だま》って見ていていいことではないのです。何らかの対抗措置《たいこうそち》を取らねばならないわけです。

3　日本周辺での「三つの戦争の危機」

「思想戦」「言論戦」で戦ってきた幸福の科学

今までに私が話してきたことを順番に整理していくと、次のようになります。

幸福の科学、および、その実戦部隊である幸福実現党が言ってきたことは、一番目には、「『思想戦』『言論戦』として戦う」ということでした。

彼ら（北朝鮮《きたちょうせん》）は、今、文化的には鎖国《さこく》した状態にあるので、そうした文化的鎖国状態を打ち破るべく、「いろいろなかたちで、仏法真理《ぶっぽうしんり》をなかに入れていく」という戦いをやってきました。

　私は日本でたくさん本を出し、話題になりましたが、日本で話題になったことは海外でも知られています。また、私の著書は海外でも出版されています。今、二十八種類の言語で出版されており、可能なかぎり、いろいろなところで本のスプレッド（普及《ふきゅう》活動）をしています。

　私たちの本は、中国の自治区で、中国政府と揉《も》めているところには、かなり入っていますし、中国南部のほうにも、そうとうの数の本が入っています。もちろん、台湾《たいわん》にもう入っていますし、香港《ホンコン》にもたくさん入っています。

返還《へんかん》後、二十年たたずして、香港《ホンコン》の自治は失われつつある

香港《ホンコン》は、私の講演のあとも、まだ、厳しい目に遭《あ》っているようなので、たいへん残念です（注。二〇一一年五月二十二日、著者は、香港にて、"The《ザ》 Fact《ファクト》 and《アンド》 The《ザ》 Truth《トゥルース》"（「事実」と「真実」）と題する英語講演を行い、「香港は中国のリーダーである。中国の人々を啓蒙《けいもう》し、中国の未来の方向性を指し示してほしい」という〈中国の香港化〉を示唆《しさ》するメッセージを伝えた。『大川隆法 フィリピン・香港 巡錫《じゅんしゃく》の軌跡《きせき》』（幸福の科学出版刊）参照）。

『大川隆法 フィリピン・香港 巡錫の軌跡』（幸福の科学出版刊）

香港の空港では売店《ばいてん》で私の著書を売っているので、売店の売り子さんでさえ、私の顔を見て分かったぐらい、浸透《しんとう》はしているのですが、それでも、「思想だけでは、残念ながら、実体上の政治の圧力、体制の強さを押《お》し戻《もど》すことは、なかなかできない」ということが、最近の流れのなかで証明されたと思います。

イギリスから返還《へんかん》され、「五十年間は、自由の体制を維持《いじ》する」と保証されていたにもかかわらず、二十年たたずして、十数年で香港の自治は失われつつあります。

日本周辺で「明日《あした》か明後日《あさって》」に紛争《ふんそう》が起きてもおかしくない

それを見ていた台湾では、先月（二〇一六年一月）、総統選において、中国寄りだった馬英九《ばえいきゅう》総統の政党（中国国民党）から出馬した候補者が敗れ、民進《みんしん》党《とう》（民主進歩党）の蔡英文《さいえいぶん》主席が当選しました。

すでに彼女の守護霊《しゅごれい》の霊言《れいげん》が出ています（『緊急《きんきゅう》・守護霊インタビュー　台湾新総統　蔡英文の未来戦略』〔幸福の科学出版刊〕参照）。

彼女は今年の五月に新総統に就任する予定ですが、そのあと、おそらく、中国との間で何らかの確執《かくしつ》が生まれるでしょう。そういうことが十分に予想されます。

「台湾・沖縄《おきなわ》近辺で、近いうちに何らかの国際紛争《ふんそう》が起きる可能性は十分にある」ということを視野に入れておかねばならないと思います。

もちろん、それよりも緊迫《きんぱく》しているのは「北朝

『緊急・守護霊インタビュー　台湾新総統　蔡英文の未来戦略』
（幸福の科学出版刊）

鮮と韓国《かんこく》の問題」です。

もうすぐ「アメリカ合衆国軍」と「韓国軍」の合同軍事演習が行われると思います。それによって、両国は北朝鮮に圧力をかけるつもりですが、それで黙《だま》っているような金正恩《キムジョンウン》氏ではないだろうと思われます。

合同で上陸演習などをやられたら、彼は、おそらく、短距離《たんきょり》ミサイルや中距離ミサイルなどを、いろいろな日に発射したりして、威嚇《いかく》すると思います（注。本講演後の二〇一六年三月七日より米韓合同軍事演習が韓国各地で実施《じっし》され、同年三月十日、十八日に、北朝鮮は日本海に向けて弾道ミサイルを発射した）。

この問題は解決はしていないのです。「南北朝鮮のところで、冷戦の最後の後始末をしなければいけない」という課題が私たちにはあります。

さらに、今、拡張主義の下《もと》、侵略《しんりゃく》的な方向で軍事大国を目指している中国には、台湾海峡《かいきょう》付近での紛争だけではなく、ベトナムやフィリピンの近海での、領有権をめぐる紛争も予想されます。

したがって、日本以外にも、少なくとも三カ点、発火点があります。もちろん、日本のなかにも、尖閣《せんかく》諸島、沖縄あたりに次の発火点があります。

東アジア、東南アジアで紛争が予想される地域

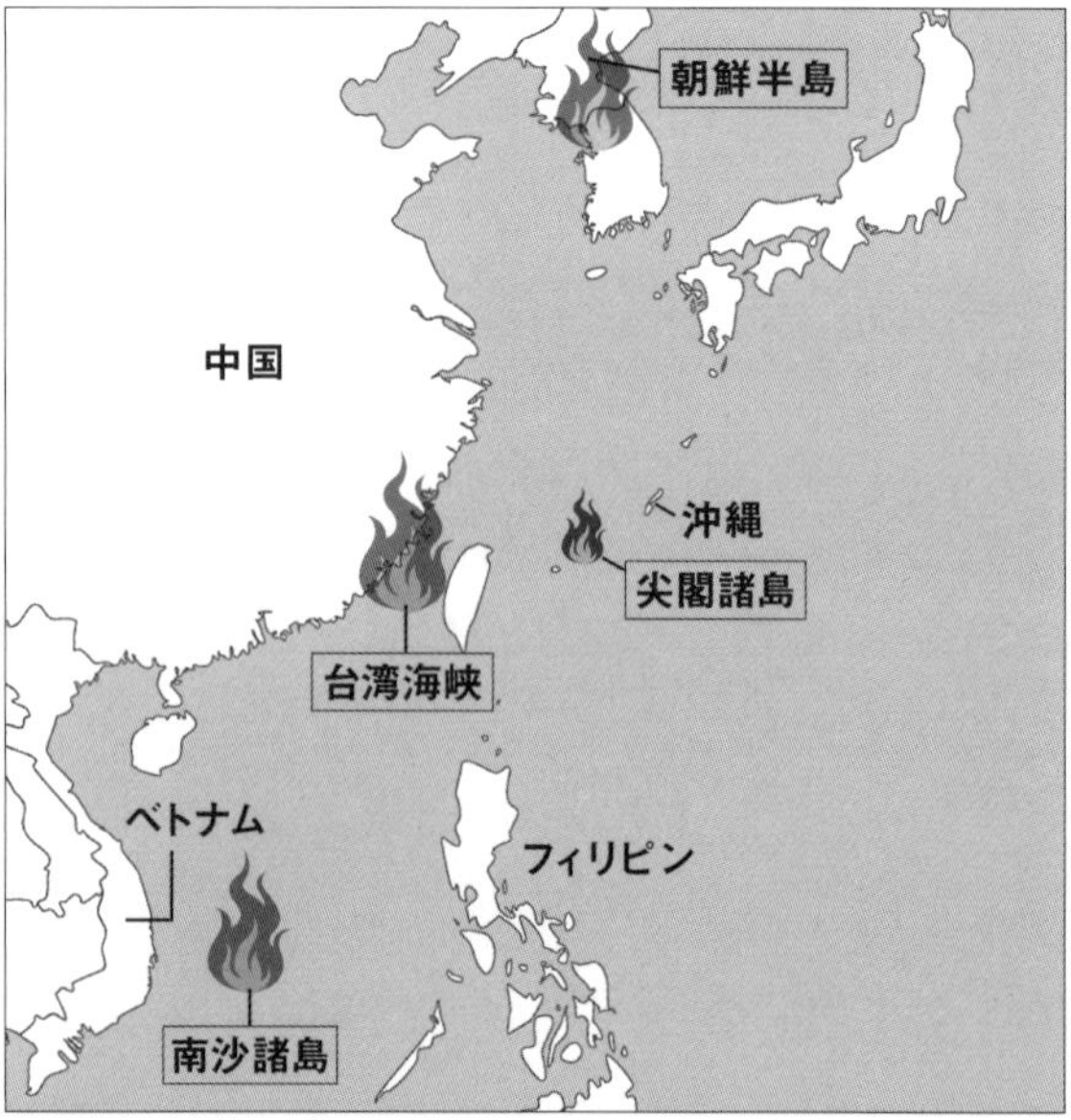

このように、東アジアや東南アジアの領域のなかで、三つないし四つの紛争が迫《せま》っています。どの紛争も、

一、二年以内に起きても全然おかしくない状態です。もっと言えば、「明日《あした》か明後日《あさって》に起きてもおかしくない状態にある」と言ってもよいと思います。

「アメリカの大統領選の結果」を待つだけではいけない

ところが、民主主義には〝コスト〟があります。

●アメリカの大統領選は、（立候補表明後の活動や予備選などを含《ふく》めると）二年ぐらいかけて行われます。去年（二〇一五年）もやって、今年も一年中やるわけです。

たぶん、独裁国家は、「何とも悠長《ゆうちょう》な制度だな」と見ていると思います。「二年もかけて大統領を決めるのか。その間《かん》に何かがあったら、どうするのだ？」

●アメリカの大統領選　本選挙は2016年11月8日投開票。2017年1月20日に就任式が行われる。

と思っているような状態かと思うのです。

アメリカの次期政権に非常に期待したいところではありますが、これは、「アメリカで、長い長い選挙レースが終わったあと、その結果に左右される」ということであり、「その結果を待って、どうするかを決める」ということなので、日本としては、待ちかねるところもあります。

「共和党から次期大統領が出れば、トランプ氏であろうと、ほかの有力候補であろうと、海外での紛争に対しては、おそらく、ある程度、強硬《きょうこう》な態度を取るであろう」という推定はつきます。

一方、民主党のヒラリー・クリントン氏が大統領になれば、基本的には現在のオバマ政権の路線

『守護霊インタビュー
ドナルド・トランプ
アメリカ復活への戦略』
（幸福の科学出版刊）

を踏襲《とうしゅう》しつつも、国務長官としての経験から、外交においては、もう一段の冴《さ》えを見せるような活動をなされるとは思います。

ただ、例えば、「習近平《しゅうきんぺい》氏 対 ヒラリー氏の対決」ということになったとき、「はたしてヒラリー氏が習近平氏に押し切られずに済むかどうか」というところについては、はっきり言って、まだ信用し切れてはいません。

また、民主党では、ヒラリー氏よりも高齢《こうれい》である、七十四歳《さい》のサンダース氏が急速に出てきてはいます。

この方は、事実上の社会主義者に近いことを言っているので、もし、この方が大統領になり、「平等の担保《たんぽ》」「移民やマイノリティー（少数派）の保護」

『ヒラリー・クリントンの政治外交リーディング』（幸福実現党刊）

「格差の是正《ぜせい》」など、アメリカの内政中心のほうにハンドルを切った場合には、「世界の警察官」としてのアメリカの立場は、さらに後退していくと推定されます。

全体的に見ると、「日本の防衛」ということに鑑《かんが》みれば、「共和党系の、『強いアメリカと世界の警察官的立場を取り戻す』ということを標榜《ひょうぼう》する方が大統領になってくれるほうが望ましい」とは思っています。

ただ、それはアメリカの大統領選の結果次第《しだい》であり、今の段階で、「私どもは待っているだけ」ということであっては、当会の基本的な思想にも合わないと思います。

「今、自分たちでできることは何なのか」ということを考えねばなりません。

4　日本がなすべき「外交戦」のポイント

「日米同盟」を強化し、「米中同盟」を阻止《そし》せよ

「言論・思想戦」が第一陣《じん》であるとしたら、第二陣は、もちろん、「外交戦」です。

「外交戦」として何をすべきでしょうか。

もちろん、日米関係の同盟強化が必要です。絶対に「米中同盟」に走らせないようにしなければいけません。

共和党の大統領の下《もと》では、米中同盟はないと思われますが、民主党政権がアメリカに立っているときには、場合によっては、米中同盟に踏《ふ》み切られる可能性も、ないわけではありません。

「考え方が似ていて、貿易額が最大であり、同盟をすれば、核《かく》戦争などの戦争をしないで済む」ということであれば、十分なメリットがあるので、もし日本がそこから〝外れて〟しまった場合には、米中同盟締結《ていけつ》の危険性が、ないわけではないのです。

ですから、外交戦としては、米中同盟を組まれないようにしなければなりません。そうした方向に舵《かじ》を切らなければいけないのです。

前回の沖縄《おきなわ》での講演（「真実の世界」）。前掲《ぜんけい》『現代の正義論』参照）では、「地方自治」と「国の外交」の関係についても述べました。

アメリカ軍に「出ていけ」と言うことは簡単ですが、そのあとのことを、よく考えてから言ってくれないと困ります。

「今、世界最強・最大の国であるアメリカとの同盟関係が切れる」ということは、「日本として、『自国の独立をどう護《まも》るか』ということを、もっと真剣《しんけん》に、急速に判断しなければいけない事態が来る」ということです。それを考えずに一地方自治体のレベルで言ってはならないことがあるのです。

そのようなことを沖縄で申し上げてきました。それは、『現代の正義論』のなかにも書いてあります。要するに、「地方自治の限度を超《こ》えてはならない。地方自治体が国家の主権を侵《おか》してはならない」ということなのです。

インドやロシアとの友好を促進《そくしん》せよ

さらには、「インドとの友好関係の促進《そくしん》」も大事です。

インドは十二億以上の人口を抱《かか》えていますし、もし「アメリカの経済力を近いうちに中国が抜《ぬ》く」ということがあるとしても、「中国は、やがてインドに抜かれるであろう」という予想もついているので、「インドとの接近・友好」は非常に大事なことであろうと思います。また、インドは核大国でもあります。

さらには、今、ロシアに対しても、何らかの勇断をしなければいけない時期が来ていると思います。

このメッセージはすでに出してあるので（『自由の革命』〔幸福の科学出版刊〕

参照)、安倍《あべ》総理は「G7《ジーセブン》(先進七カ国)」以外であるロシアに行って話をしようと考えているようですし、今、ロシアについて全権を持っているのは、私の大学時代の友人ですが、プーチン氏も日本に対しては何らかの道を拓《ひら》きたいと考えているようです。

日本は戦後、まだロシアとの平和条約を結べていませんし、さらなる友好促進のための条約も結べていないので、ぜひとも、ロシアとの外交関係も強化したいと考えています。

インドやロシアとの関係を強固にすることは、中国に対する牽制《けんせい》にもなりますし、ロシアの場合には、北朝鮮《きたちょうせん》に対しても非常に大きな牽制になると考えられるので、これについては、できるだけ、やっていきたいと思っています。

「自由と民主主義の国」である台湾《たいわん》の独立を護《まも》れ

台湾《たいわん》の蔡《さい》新総統（二〇一六年五月二十日就任予定）の守護霊《しゅごれい》は、「台湾の独立を護《まも》るのを援助《えんじょ》してほしい」ということを、守護霊霊言《れいげん》のなかで言っていますが（前掲《ぜんけい》『緊急《きんきゅう》・守護霊インタビュー 台湾新総統 蔡英文《えいぶん》の未来戦略』参照）、これも一つのポイントだと思っています。

台湾は「自由と民主主義の国」です。

台湾という国をまだ「中国の一部」として認識している人もいるとは思いますが、「台湾が自由と民主主義の国として存続し続けるかぎり、中国の覇権《はけん》主義は、最後の一線を越《こ》えることができない」と言えると思います。

日本がまだ石油に重点を置いたエネルギー政策を続けるのであれば、台湾海《かい》峡《きょう》付近は、「日本のシーレーン」「海の道」として、生命線になります。その意味では、台湾が危機に陥《おちい》るようであれば、台湾を助けるだけの力が必要なのではないかと考えています。

「国際紛争《ふんそう》をジャッジメントしていく国」として力を発揮せよ

それ以外にも、「イスラム圏《けん》での問題」等がヨーロッパも含《ふく》めて存在しますが、できるだけ、日本の今までの努力、戦後七十年間の平和的努力を認めていただき、「いろいろな国際紛争《ふんそう》をジャッジメント（裁定）していく有力な国」として力を発揮していくことが、日本にとって非常に重要であろうと考えています。
そういうことが言えると思うのです。

外交で、「どちらが相手を包囲するか」という包囲戦を行う

このように、第一段階として、「言論・思想戦」を行い、第二段階として、「外交戦」で、「どちらが相手を包囲するか」という包囲戦を行うことが大事です。

「TPP《ティーピーピー》（環《かん》太平洋戦略的経済連携《れんけい》協定）」は、中国主導の「AIIB《エーアイアイビー》（アジアインフラ投資銀行）」と競争をしています。「TPPによって日本は損を被《こうむ》る」と考えている人もいますが、TPPに入らないと、環太平洋の経済防衛に

入ることはできないので、これについては、どうしても参加に踏み切らざるをえないだろうと考えています。

5 日本も「核《かく》装備」をしなければ間に合わない

「世界の正義」を推《お》し進める方向で、軍事的な問題を考えよ

「思想戦・言論戦」、「外交戦」の次に、第三段階として、私たちが考えなくてはいけないのは、「日本の国防そのものを、どのようにするか」という問題です。

これについては、私も、実はずいぶん悩《なや》みました。

宗教家としては、もはや世界に争いの種を増やしたくありませんし、「でき

れば、戦争がない方向に持っていきたい。軍備などをできるだけ縮小していく方向に行くのが本来の筋《すじ》だ」とは思っています。

しかし、「リアルポリティクス（現実政治）」を見るかぎり、そのように単純なものではないことも事実です。

映画「スター・ウォーズ」を観《み》ると、宇宙時代になっても、まだ戦争をやっています。「近未来においては、兵器はもっともっと進み、戦争はなくならないであろう」と予想されていますが、おそらく、そうであろうと思うのです。

ですから、その時代その時代において、「何が正しいか」ということを考えながら、「世界の正義」を推《お》し進める方向で、軍事的な問題も考えていかねばならないのではないかと思っています。

今の日本の「迎撃《げいげき》ミサイルシステム」には限界がある

軍事的な問題にまで斬《き》り込《こ》んで話をする宗教は、今、非常に珍《めずら》しいでしょうし、日本の大多数の宗教に属する人たちにとっては、理解できない問題が数多くあるだろうと思っています。

ただ、今は、少なくとも、「北朝鮮《きたちょうせん》において、四度の核《かく》実験が行われ、弾道《だんどう》ミサイルが撃《う》たれ、日本はもうとっくに、その射程のなかに入っている」という状況《じょうきょう》ですし、また、「北朝鮮が潜水艦《せんすいかん》からもミサイルを発射できる態勢になっている可能性もある」という段階にあります。

今回、パトリオットミサイル（ＰＡＣ３《パックスリー》）が石垣島《いしがきじま》と宮古島《みやこじま》に配備され、東京の市ヶ谷《いちがや》にも配備されましたが、テレビの報道でレポーターたちが誰《だれ》も言えなかった言葉がありました。

それは、「破壊措置《はかいそち》命令が出ているにもかかわらず、撃ち落とせなかった」ということです。さすがに、そのへんについては言論統制をしたようです。

パトリオットミサイルの射程距離《しゃていきょり》は二十キロメートルから三十キロメートルぐらいです。しかし、今回の北朝鮮の弾道ミサイルは何千キロも飛んでいますし、高度も五百キロメートルぐらいまで上がりました。つまり、パトリオットミサイルを発

２月７日、北朝鮮の弾道ミサイルが発射され、警戒を強める地対空誘導弾パトリオット（ＰＡＣ３）。

射したところで、まったく届かないため、撃つことはできなかったのです。

また、沖縄県《おきなわけん》上空まで到達《とうたつ》する時間も非常に短く、十分もかかっていないので、パトリオットミサイルの発射等を判断する時間さえなく、まったく通用しませんでした。沖縄の島を狙《ねら》って撃ってきたのなら、撃ち落とせたかもしれませんが、上空高く打ち上げられた場合、パトリオットミサイルでは届かないのです。

そのため、韓国《かんこく》では、今、「THAAD《サード》ミサイル」(終末高高度防衛ミサイル)という、高高度の迎撃《げいげき》ミサイルシステムをアメリカから導入する議論をしています。

しかし、「何百キロもの上空でミサイルを

発射実験を行う終末高高度防衛(THAAD)ミサイル。

当てる」というのは、そう簡単なことではないでしょうし、時間的にも、「（発射から着弾までの）数分のうちに撃ち落とす」というのは、おそらく、簡単なことではないだろうと思います。

正当防衛の範囲《はんい》内で、日本も「核《かく》装備」を準備せよ

当会は二〇一二年に横井小楠《よこいしょうなん》や佐久間象山《さくましょうざん》の霊言集《れいげんしゅう》（『横井小楠　日本と世界の「正義」を語る』『佐久間象山　弱腰《よわごし》日本に檄《げき》を飛ばす』〔共に幸福実現党刊〕参照）を出しましたが、「日本が植民地にされないために、日本は核《かく》装備を検討すべき時期に来ている」ということを、すでに彼らは言っていました。

そのように、日本の核装備に関する話を、霊言集では出していましたが、私

自身の意見としては今まで一度も述べてはいませんでした。しかし今、私は、「これ（核兵器）を、正当防衛の範囲《はんい》内で準備しないと、もう間に合わないところに来ている」と考えています。

このことを、安倍《あべ》総理は、おそらく、国会で言えないでしょう。だから、私が代わりに言います。

核装備をし、正当防衛的に国を護《まも》れるような準備をしないと、場合によっては千万人単位で人が殺される可能性がありますし、そういう脅迫《きょうはく》に屈《くっ》し、戦わずして植民地になる危険性もあるのです。

核兵器は、他国を侵略《しんりゃく》したり、人を殺したりするためだけにあるのではあり

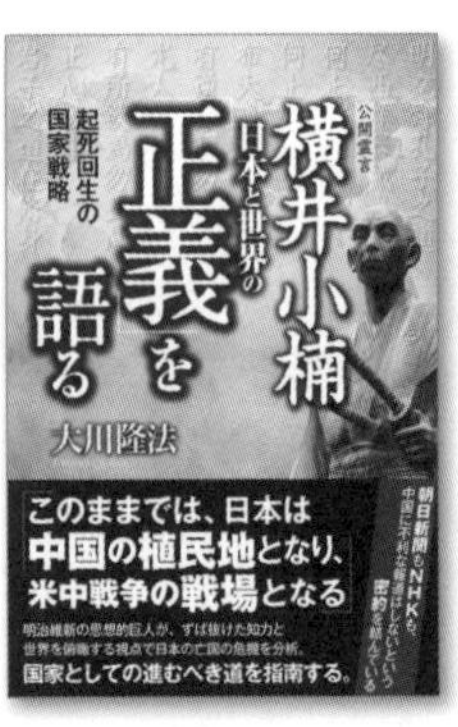

『横井小楠　日本と世界の「正義」を語る』
（幸福実現党刊）

『佐久間象山　弱腰日本に檄を飛ばす』
（幸福実現党刊）

ません。日本に二つの原爆《げんばく》が落とされましたが、それ以降の歴史において、核兵器は使われていません。核兵器の最大の効能は、「他の核兵器保有国に核兵器を使わせない」ということです。これが最大の効能なのです。

「こちらが核兵器を使った場合には、向こうからも核兵器を使われる可能性がある」ということが最大の抑止力《よくしりょく》になって、結局、お互《たが》いに核兵器を使えず、通常兵器での局地戦以外の戦いはできないわけです。

もちろん、日米同盟が強固であれば、ある程度、アメリカが日本を護ってくれる可能性もないわけではありませんが、例えば、島嶼《とうしょ》防衛、つまり島の防衛などのために米軍は動くでしょうか。そういう小さなレベルでの攻撃《こうげき》を受けたときに、米軍が動いてくれるかどうか、保証の限りではないのです。

中国という大国では、今、習近平《しゅうきんぺい》氏が本当に「世界帝国《ていこく》」を目指しているのですが、中国の世界帝国計画に対して、アメリカの次の大統領が、それに対抗《たいこう》するだけの基軸《きじく》を打ち出せるかどうか分かりませんし、日本からそこまで注文を出すことができるかどうか、それについても分からない状態であると私は考えています。

「国防債《さい》」を発行し、「国防」のためにお金を使え

今、日本では「超《ちょう》低金利（マイナス金利）」が始まっています。そして、「貸し出しを増やしたいところではあるけれども、お金を使うところがない」という状態になっています。

そうであるならば、今は「国防」のためにお金を使うのが、いちばんよろし

いのではないかと私は思います。今だと、限りなく「ゼロ金利」に近いかたちで、お金を集めることができます。そこで、「国防債《さい》」を発行すればよいのです。利子を非常に低く設定しても発行は可能なはずです。

私は、日本人が一方的に攻撃を受けて死ぬような事態は避《さ》けたいと思いますし、また、韓国や台湾《たいわん》が一方的に侵略されるような事態も、フィリピンやベトナム等が侵略されるような事態も避けたいと思います。そういう事態を抑止するためには、やはり、「日米の共同の抑止力があったほうがよい」と私は考えます。

その意味において、もう、核装備を十分に研究しておくべきときが来たのではないかと思います。

「護《まも》るに値《あたい》する国」「世界史のなかの奇跡《きせき》」である日本

これ（日本の核装備）を言うと、幸福実現党の票を減らす可能性は非常に高いので、本当につらいのです。これを言うと票が減りやすいので、とてもつらいわけです。

幸福実現党のポスターについて述べると、「ポスターに『憲法九条改正』と書いてあると票が減るので、書かないでください」とよく言われます。

日本の選挙では、〝関係のないこと〟を言ったところが勝つようになっています。日本の政治には、非常に分かりにくく、ファジー（あいまい）で、いいかげんなところがあり、正直にものを言ったら選挙で負けるのです。

ただ、「消費増税に反対するだけで、憲法九条改正について何も書かなければ、共産党と変わらないように見えてしまう」というジレンマもあります。当会は、いちおう、保守の政党をつくっているつもりなので、「国防を言うと票が減るから」といって、「今そこにある危機」に対処できないのでは、政治家として、政党として失格だと思います。

幸福実現党にとっては、まだまだ、厳しい時期が続くかもしれませんが、やはり、政府がきっちりと国民を護《まも》れる体制をつくってほしいと思います。

宗教的に言っても、この日本という国は「護るに値《あたい》する国」です。護らなければいけないのです。後世《こうせい》に伝えるべきものがたくさんあるのです。

「これほど、はっきりと、神々が護りたもう国が、世界のなかにある」ということ、これは「世界史のなかの奇跡《きせき》」なのです。そして、今、神々の声が降りているのです。

この国を護らないで、どうするのですか。

ぜひとも、「人類の遺産」として、この国を護り、遺《のこ》し、発展させ、その考えを全世界に伝えていかねばならないと思います。


北朝鮮《きたちょうせん》では地上界に「一つの地獄圏《じごくけん》」ができている

だから、気の毒ではあるが、金正恩《キムジョンウン》氏よ、できるだけ速《すみ》やかに三次元より消えたまえ。

（北朝鮮《きたちょうせん》に対し）オバマ大統領は、節約のために「ピンポイント攻撃」を考えているだろうと推定はします。

そういうことは日本はできませんが、少なくとも、北朝鮮の二千万人以上の人たちが、今、牢獄《ろうごく》のなかに入っているかのように囲われているのです。

北朝鮮の最高指導者は、初代の金日成《キムイルソン》も、二代目の金正日《キムジョンイル》も、二人とも地獄に堕《お》ちて悪魔《あくま》になっています。そして、三代目（金正恩）も、たぶん、地獄に堕ちて悪魔になるはずです。

二千万人以上が人質《ひとじち》になり、地上界に「一つの地獄圏《けん》」ができているのです。解放しなくてはいけないのです、彼らを！（会場拍手《はくしゅ》）

「一部の人たちの独裁欲のために、多くの人々が、長い長い何十年もの苦しみのなかに置かれる」

『北朝鮮の未来透視に挑戦する』
（幸福の科学出版刊）

『北朝鮮――終わりの始まり――』
（幸福実現党刊）

ということは、望ましいことではありません。

また、北朝鮮も韓国も、かつては「日本の一部」であったので、日本には"旧宗主国《きゅうそうしゅこく》"として、「その後」についての責任がないわけではありません。彼らの「その後」についても責任を持つべきだと思います。

もし、今、彼らに、悪い考え方が"遺伝子"として残っているならば、それを指導するべく、日本から正しい発信をすべきだと思います。

経済制裁で北朝鮮を"黙《だま》らせる"ことができない理由

まず、「北朝鮮の武装解除」をしなければいけません。

米国にも呼びかけます。ロシアにも呼びかけます。他の国にも呼びかけます。

中国にも呼びかけてはいますけれども、中国は、なかなか動こうとしません。理由は、はっきりしています。

勘違《かんちが》いをしている人もいますが、中国の人たちが数多く銀座《ぎんざ》に買い物に来ているからといって、中国が西側諸国のなかに入っているわけではないのです。

先の朝鮮戦争（一九五〇～一九五三年）において、中国軍は、アメリカ軍や韓国軍と戦いましたが、「38度線」を停戦ラインとして休戦するまでの間《あいだ》に、中国人も「百万人ぐらい死んだ」とも言われています。

そうして〝得た〟国、朝鮮半島の半分の国を、中国は、そう簡単に手放しはしないのです。

国際社会から孤立《こりつ》しないようにするため、中国は、ときどき、北朝鮮に関して意見を言っていますが、今やっているような経済制裁等では北朝鮮を〝黙《だま》らせる〟ことはできません。北朝鮮は水面下で中国とつながっているからです。

要するに、中国とアメリカとの冷戦が始まっているので、中国は自国の覇権《はけん》を維持《いじ》するために、北朝鮮を、どうしても韓国や日本、アメリカに対する牽制《けんせい》として持っておきたいはずです。

したがって、外向きには、北朝鮮に関して、いろいろなことを言っても、本気での経済制裁はしないはずなのです。

ですから、他の国が経済制裁をしたり、人的交流を止《と》めたりしても、中国のほうから石油と食糧《しょくりょう》が流れるかぎり、北朝鮮の軍事的な動きを止めることはできないのです。

だからこそ、「近隣《きんりん》諸国を脅《おど》すことができる兵力を持っている」という彼らの考え方に対して、「思想戦」を挑《いど》むと同時に、現実においても、「抑止力」をきちんと持つことが大事であると思っています。

6 「国防」で日本の景気回復を

「特定秘密保護法」等で幸福の科学が果たした役割

こういう見方が、左翼《さよく》のマスコミの考え方や、最近、沖縄《おきなわ》で流行《はや》っていた、「県民感情」といわれているようなものと遠く離《はな》れていることは、重々承知《じゅうじゅうしょうち》しています。

しかし、どのような新聞であれ、どのようなテレビ番組であれ、どのような週刊誌であれ、「もしかしたら、日本国民が、何百万人あるいは千万人単位で人質《ひとじち》になるかもしれない」という事態が来たときには、おそらく、それを「よい」とは言わないだろうと思うのです。

したがって、その恐《おそ》れがあることを、少しでも早く、私のほうから言っておきたいと思います。

このような議論は、国会では、たぶん、そう簡単にはできないと思いますが、幸福の科学が意見を言うと、そのあと、それに関連する法案がよく通ります。

例えば、特定秘密保護法がそうですし、集団的自衛権もそうでした。私が本を出したところ（『「特定秘密保護法」をどう考えるべきか』〔幸福の科学出版刊〕、『「集団的自衛権」はなぜ必要なのか』〔幸福実現党刊〕参照）、そのあと法案は通っています。

当会が発信するものは、いちおうマスコミや野党に対する説得にもつながっているのです。

「特定秘密保護法」をつくったのでしょう？　それから、共同防衛ができる「集団的自衛権」も制度的に認められたのでしょう？

「これは、どういうことか」ということを、安《あ》倍《べ》首相に言うとすれば、「核《かく》開発ができるんですよ。外からは分からないから、できるんですよ。あるいは、もしアメリカが核兵器を日本のどこかに持ち込《こ》んでいても、分からないんですよ。よく考えてくださいね」ということです。「そういう法案が通った」ということなのです。

『「特定秘密保護法」をどう考えるべきか』
（幸福の科学出版刊）

『「集団的自衛権」はなぜ必要なのか』
（幸福実現党刊）

これは自衛上、しかたがないことです。

ただ、それ以外にも、「一方的に攻撃《こうげき》を受けるだけではなく、防衛できるシステム」を考えるべきだと思います。

日本には「中距離《きょり》ミサイル」「原子力潜水艦《せんすいかん》」「空母」も要《い》る

日本の防衛等について、歴史上の偉人《いじん》たちの霊《れい》に訊《き》いてみると、そうとう強硬《きょうこう》なことを言う人もいます。

日蓮聖人《にちれんしょうにん》に、「どうすべきだと思いますか。簡潔《かんけつ》に答えてください」と訊いたら、「台湾《たいわん》と同じです。日本をハリネズミのようにしてミサイルで護《まも》ります」と答えました。鎌倉《かまくら》時代だったら、そうは言わなかったでしょうが、現代なので、そのようなことを言っていたのです。

私は、やはり、少なくとも「核兵器の開発」には取り組むべきだと思います。

また、迎撃《げいげき》システムに関しては、パトリオットミサイルのように、二、三十キロしか飛ばないようなものでは困ります。ミサイルが市ケ谷《いちがや》をめがけて飛んでくるわけはなく、どこへ来るか分からないのですから、二、三十キロしか飛ばないのでは護れません。それでは無理です。

したがって、中距離《きょり》ミサイルなどの研究をし、何百キロかは飛ぶものを考えておくべきだと思います。

また、原子力潜水艦《せんすいかん》等を、一年中、海に潜《もぐ》らせ、海中からでも反撃できるスタイルは考えるべきだと思います。

今、日本は、空母型の護衛艦も持っています。これは、「いずも」という、全長が二百四十八メートルもある、戦艦大和《やまと》に近い大きさの護衛艦です（戦艦大和は全長二百六十三メートル）。

護衛艦といっても、実際上はヘリコプター空母です。今のところ、ヘリコプターぐらいしか搭載《とうさい》できず、垂直離着陸機以外のジェット機は搭載できませんが、改造すれば、そういうものも載《の》せることができると言われています。

ただ、「護衛艦」と言わずに、きちんと、通常の機能を持った空母もつくったらよいと思います。

2015年10月に相模湾で行われた第28回自衛隊観艦式の予行演習に参加したヘリコプター搭載型護衛艦「いずも」。海上自衛隊は「いずも」の同型艦として「ひゅうが」なども運用している。

五十兆円や百兆円ぐらいを使う「大規模な防衛構想」を

日本の景気は低迷しています。また、日本は、お金の使い道に困っていますし、「マイナス金利にしても、まだ景気が回復しない」と言われています。

こういうときには「国防債《さい》」を発行して購入者《こうにゅう》を募集《ぼしゅう》し、大胆《だいたん》に国防投資をすべきです。

その場合、「兵器による防衛」も必要ですが、もう一つ、万一《まんいつ》のときのことを考えて、日本アルプスの下あたりに、いちおう避難《ひなん》場所をつくっておくことも必要です。そのくらいの大規模な防衛構想をつくっておくべきだと思います。

リニアモーターカーで東京からも大阪《おおさか》からも三十分から一時間以内で移動で

きる距離のところに、避難できるような準備をしておくべきだと思うのです。

そこまでしておけば、日本が滅亡《めつぼう》することは、まずないでしょう。

それをするために、「国防債」で五十兆円や百兆円ぐらいを集めても、十分に使い道はあると思います。

防衛省は、もう財務省の言いなりにならなくてよいので、防衛省独自で「国防債」を出して資金を集めたらいかがでしょうか。

日本を防衛できないなら防衛省は要《い》らないので、それだったら、リストラをして役所をなくしたほうが安く上がります。日本を防衛する気があるなら、きちんとしてほしいと思います。

日本はお金の使い道に困っています。使い道を教えてあげますから、そのように使ってください。空母を一隻《いっせき》つくるのにかかる費用は一兆円かそこらです。

きちんとそれに使ってください。

山をくり抜《ぬ》いたら、お金がかなりかかるでしょう。それをすれば、たぶん、景気は回復するでしょう。

ＧＤＰ（国内総生産）は上がっていったほうがよいのです。経済の規模を大きくし、経済的に中国に追いついていかなければ、やはり見下《みくだ》されるので、そういう努力もしたほうがよいのです。

7　「正義とは何か」を勇気を持って言い続ける

今日の法話《ほうわ》の内容は「いちばんマイルドな意見」

今日は、宗教的ではない、「リアルポリティクス」「リアリズム」のなかで、かなり話をしましたが、これでも、いちばんマイルドな話をしたのです（会場笑）。

今日、私が話をするに当たって、「指導霊《しどうれい》として出てきたい」と言った霊人《れいじん》は八人います。その八人は、みな、今日私が言ったことよりも、はるかに激しいことを主張し、霊示《れいじ》を降ろしてきたのですが、今日は、「いちばんマイルドな意見」で統一して話をしました。それでも、この内容です。

今日は、マスコミの方も、一部、会場に来ておられます。私が過激なことを言うと、マスコミにとって面白《おもしろ》いことは面白いと思いますが、いちばんマイルドに言って、こういう内容になるのです。

もっと過激に言うと大変なことになりますが、幸福実現党が与党《よとう》になってから言うことにして、今は言いません。

ただ、安倍《あべ》政権は、もう、「百万円をもらったから、経済関係の大臣を辞《や》める」とか（注。二〇一六年一月二十八日、甘利明《あまりあきら》内閣府特命担当大臣〔経済財政政策担当・経済再生担当等〕は、建設会社関係者からの金銭《きんせん》授受疑惑《ぎわく》の責任を取って辞任した）、「育休を取って〝イクメン〟になろうとした議員が（不倫《ふりん》で）辞める」とか（注。自民党の宮崎謙介《みやざきけんすけ》衆議院議員は、育児休暇《きゅうか》取得の意向を示して注目されていたが、週刊誌に不倫疑惑を報じられ、二〇一六年二月十六日に議員辞職した）、こんなことで〝遊んで〟いないで、きちんと核《かく》対策をやってもらわないと困ります。それを言っておきたいのです。

それから、日銀は孤軍奮闘《こぐんふんとう》していますが、「マイナス金利」だけでは景気は回復しません。お金を使う方法を日銀は考えられないからです。お金を使う方法を考えなくてはいけないのです。

お金を日本の国防に使い、また、日本の友好国には大胆《だいたん》な円借款《えんしゃっかん》等を行うことにし、友好国をつくって相手を包囲していくことが大事です。

そうすれば、将来的には「アジアの平和と安定」に必ず寄与します。

アメリカに対しても、向こうの自主的な動きに合わせて次の政治を動かすのではなく、日本のほうから、「こちらの方向に動いてきてほしい」と導けるように頑張《がんば》っていきたいと思うのです。

そのために、幸福の科学も頑張りたいと思います。

「自由と民主主義」の繁栄《はんえい》を中国全土に広めたい

アメリカもロシアも、そして、最終的には中国そのものも変えたいと私は思っています。

当会は、別に、中国が憎《にく》いわけではないのです。『「パンダ学」入門』（大川紫央《しお》著、幸福の科学出版刊）という本を出しているぐらいです（会場笑）。

「パンダハガー」とは、「中国寄りの人」というか、「中国を愛する人たち」

のことです。それを知っていて、『「パンダ学」入門』を出しているのですから、「中国とも、まだ、友達になる可能性はあるのだ」と言っているわけです。

中国政府は香港《ホンコン》に対して非常に弾圧《だんあつ》的な政策を取っていっていますし、それを台湾《たいわん》が怖《こわ》がっていますが、かつての香港の繁栄《はんえい》、「自由と民主主義」の繁栄が、台湾だけではなく、中国全土に広まるようにしなくてはなりません。

そして、中国の自治区にされ、侵略《しんりゃく》された状態になっている国々に対しては、それらを解放する方向で努力していきたいと思います。

必ず、（中国を）近未来において、「自由の帝国《ていこく》」に変えていきたいと思って

『「パンダ学」入門』
（大川紫央著、幸福の科学出版刊）

います！（会場拍手《はくしゅ》）

「神々の心は、どこにあるのか」ということを伝えよ

宗教家が軍事について話をすると、ずいぶん「この世離《ばな》れ」をしているように見えるかもしれませんが、理想論だけでは駄目《だめ》であり、「リアルポリティクス」をも、しっかり見つめた上で、「世界は、どうあるべきか」ということを構想しなければならないのです。

首相が言わないから、私が言います！

みなさん、その方向で未来を導いていこうではありませんか（会場拍手）。

そのためには、「正義とは何か」「正しさとは何か」ということを示さなくて

はなりません。

それには、「強い決断力と実行力」「世界に対する発信力」「やってのける力」「批判を跳《は》ね返す力」が必要です。

「神々の心は、どこにあるのか」ということを伝えることが大事です。

「今、東洋の、この小さな国に、世界を救うべく、大川隆法が生まれた」ということを、どうか、お伝えください！（会場拍手）

第2章

夢を実現する心

二〇一六年三月二十七日　説法《せっぽう》
富山《とやま》県・高岡《たかおか》市民会館にて

1　浄《じょう》土《ど》真宗《しんしゅう》と幸福の科学の意外なつながり

「やらねばならぬこと」は、まだまだ、たくさんある

地元、高岡《たかおか》のみなさん、それから、富山《とやま》県のみなさん、また、衛星中継《ちゅうけい》で観《み》ておられる北信越《ほくしんえつ》方面のみなさん、今日（二〇一六年三月二十七日）は、お集まりいただきまして、まことにありがとうございます。

北陸新幹線が通《とお》って、この地域は気持ち的には少し〝近く〟

講演会「夢を実現する心」の本会場風景（3月27日、富山県高岡市民会館にて）

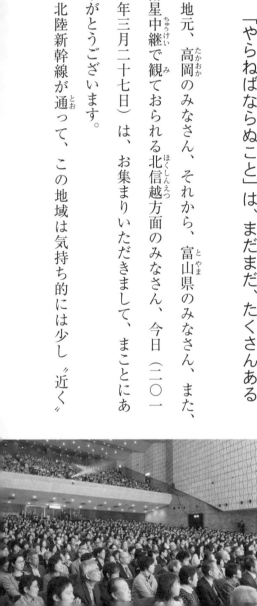

なったのですが、私の過去の（説法《せっぽう》した）実績を見たところ、「めったに来ない」ということがよく分かり、昨日《きのう》から反省しています。たまに来たときには、できるだけ頑張《がんば》りたいと考えています。

私が来た回数は少ないのですが、ここは当会の活動実績がすごくよろしい地域なのです（会場拍手《はくしゅ》）。驚《おどろ》きました。

報告を読むと、「先の参院選（二〇一三年実施《じっし》）のとき、幸福実現党の富山県選挙区の候補者は四パーセント以上の得票率を取っていた」とのことです（会場拍手）。

公党としての政党要件の一つは、「国政選挙での全国の得票率が二パーセント以上」と「所属国会議員が一人以上」です。

公党といっても、政党助成金が出て、「政党として、メジャーなテレビ局や新聞に出やすくなる」というだけのことではあるのですが、「全国が富山県ぐらい頑張ってくれれば、政党要件を満たすところまで行ける」ということです。そういうことなのです、みなさん（会場拍手）。

私としては、「私がよく来ている地域の活動実績がよい」ということなら、何となくうれしいのですが、「私があまり来なくても実績がよい」となると、少しさみしい気持ちも半分ぐらいはあるのです。ただ、「総裁が来ない分だけ頑張らなくてはいけない」と思い、みなさんが奮起《ふんき》しておられるのではないでしょうか。そう信じたいと考えています。

北信越の何県かの現状について、意見を聴《き》いてみたのですが、返ってきた答えを集約すると、だいたい、次のようになります。

ここに来ておられるみなさんは、たぶん、違《ちが》うと思うのですが、全体に、いろいろなところの県民性などに関し、具体的なご意見を聴いてみると、「食べていけければよい。困ったことについては、親鸞《しんらん》様がどうにかしてくれるだろう」ということが、だいたいの結論であったようです。

それでもよいのですが、若干《じゃっかん》、「『夢を実現する心』の話を聴いてくれるのかなあ」という気持ちがしないわけでもありません。

十分、現状に満足しておられる方々が多いのかもしれませんし、それは宗教的に満足しているのかもしれませんが、私は、「やらねばならぬことは、まだまだ、たくさんあるのではないか」と考えています。

「阿弥陀如来《あみだにょらい》」を招霊《しょうれい》したときに現れた存在とは

「ここ（北信越）は浄土真宗《じょうどしんしゅう》が非常に強いところだ」と聞いています。

浄土真宗の教義そのものは、オリジナルな仏教、仏陀《ぶっだ》の説いた仏教の教えから見ると、極端《きょくたん》に離《はな》れているところまで行っている他力信仰《たりきしんこう》ではあるのです。

ただ、幸福の科学は、「これも仏教の一宗派として容認する」という立場を取っています。本願寺系のトップあたりも、「仏教に入れてくれて、ありがとう」と、お礼を言ってくださっています。そのため、浄土真宗系の信者の方々で、幸福の科学の会員になっている方はたくさんいらっしゃいます。

それから、もう一つ申し上げます。

何年か前に、テレビ番組で、アナウンサーが浄土真宗のお寺の住職さんにインタビューをし、「ところで、阿弥陀《あみだ》様は、本当にいらっしゃるのでしょうか」というような質問をしていました。

それに対して、その住職さんは、「いやあ、私も会ったことがないから、分からないんですけどねえ。ただ、勉強すると、そのようにも書いてあるから、そうかもしれないし、そうではないかもしれない。まあ、いいじゃないですか」というような返事をしていたことを覚えています。頼《たよ》りない部分があることはあるのです。

幸福の科学では、さまざまな霊言《れいげん》やリーディング（霊査《れいさ》）等を六百回以上も行《おこな》っており、霊界にいらっしゃるさまざまな存在をお呼び申し上げ、その意見を発表しています。

浄土真宗の住職さんが、「阿弥陀様は、いらっしゃるか、いらっしゃらないか、分からない」と言っているので、私は、「いちおう、念のために調べてみる必要があるのではないか。もし、いらっしゃらなかったら、この信仰には怪《あや》しいところがあり、〝空《から》っぽ〟になってしまうから、問題がある」と考え、良心に懸《か》けて調べてみました。

「阿弥陀様を呼んでみたら、誰《だれ》が出てくるか」ということで、「阿弥陀様、阿弥陀如来《にょらい》よ。出てきたまえ」と言って呼んでみたら、出てくるまでに少し時間がかかったのですが、驚いたことに、なんとヘルメス●が出てきたのです。

「えっ？　阿弥陀様を呼んだら、ヘルメスが出るのですか」と驚きました。

確かに、ギリシャは西のほうではあり、〝西方浄土《さいほうじょうど》〟には間違いありません。

「阿弥陀如来という名前の、地上に肉体を持ち、人間として生きたことのあ

●ヘルメス　約4300年前のギリシャに生まれ、「愛」と「発展」の教えを説いて西洋文明の源流をつくった英雄。エル・カンターレの分身の一人で、イエス・キリストを天上界《てんじょうかい》から指導し、愛の教えと信仰論、復活現象を担当した。

る仏が存在するわけではありません。阿弥陀仏とは、仏の救済の力、救済の性質のところを表現しているものであって、仏の役割の一つを意味しているだけなのです。

したがって、『阿弥陀如来という方が、今、実際に実在界に存在している』ということは、現実にはありません。ただ、呼ばれたら、誰も出さないわけにはいかないので、ヘルメスが出てまいりました」

このようなことをヘルメスは言っていました。

要するに、「愛と慈悲《じひ》の方」ということであろうかと思います。

『他力信仰について考える』
（幸福の科学出版刊）

浄土真宗《じょうどしんしゅう》と幸福の科学との「ご縁《えん》」

阿弥陀如来を呼ぶとヘルメスが出てくるのであれば、浄土真宗《じょうどしんしゅう》と幸福の科学の両方に入っていてもよいわけです。

浄土真宗の人は、お寺の境内《けいだい》に墓を持っていたりするので「抜《ぬ》けられません」と言っているかもしれませんが、あの世へ行ったときに誰も来てくれなかったら困るので、保険として、最近の教えにも触《ふ》れておいたほうがよろしいかと思います。

幸福の科学は、ほかの宗教に属する人であっても、当会が「正当だ」と認めている宗教を信じている方々を排斥《はいせき》するものでは、まったくありません。「あの世に還《かえ》って阿弥陀様が来てくださらない場合のことを考え、幸福の科学に入っておいたほうがよろしい」と、お勧《すす》め申し上げておきたいと思います。

あと、もう一つ、「私（大川隆法）の今世《こんぜ》の産みの母親は、前々世《ぜんぜんせ》が親鸞の妻（恵信尼《えしんに》）だった」という霊査が初期のころに出ているので、そういう意味では、「ご縁《えん》」がないわけではないだろうと考えています（『天理教開祖《てんりきょうかいそ》　中山《なかやま》みきの霊言』〔幸福の科学出版刊〕参照）。

その意味では、よいところもあります。

2 浄土真宗《じょうどしんしゅう》の「信仰《しんこう》」における注意点

あの世にある浄土真宗系《じょうどしんしゅう》の「念仏地獄《ねんぶつじごく》」

ただ、浄土真宗《じょうどしんしゅう》が強い地域には、問題がないわけではありません。これについて、一言《ひとこと》、触《ふ》れておかなければ、正直ではないと思っています。

いろいろな宗教には、やはり、光の部分と闇《やみ》の部分があります。もちろん、よいところもあるのですが、そこから外れて失敗した方々がいる場合もあります。

仏教系のなかで、浄土門、浄土教や浄土真宗系には、「念仏地獄《ねんぶつじごく》」というものも、一つ、あることはあるのです。

はっきり言えば、「人間として生きたときに、神様、仏様の目から見て正しくは生きていなかった人々」は、あの世に還《かえ》って、地獄というところに行っています。

ところが、浄土門系の人々で、「自分は地獄に来ている」ということを認めない人々が、かなりの数、かたまりとしているのです。

そして、「『南無阿弥陀仏《なむあみだぶつ》』を称《とな》えさえすれば、それで救われることになっているのだから」ということで、「南無阿弥陀仏」ばかりを言っている

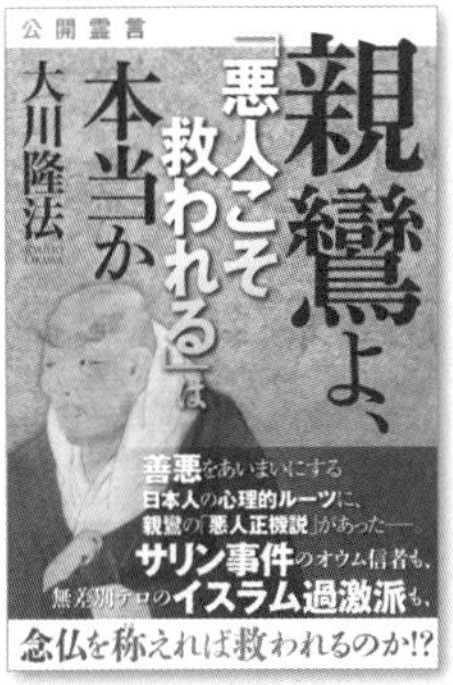

『公開霊言　親鸞よ、「悪人こそ救われる」は本当か』
（幸福の科学出版刊）

のです。

その世界は、それほど明るい世界ではないのですが、その人たちは、「ここは極楽《ごくらく》浄土なのだ」と言い張っています。

こういう人々を救済するのは、残念ながら非常に難しいのです。

なぜかというと、「自分たちは、もう往生《おうじょう》している。成仏《じょうぶつ》しているのだ」と言っているからです。そのため、「ここは極楽とは違《ちが》いますよ」と言っても、聞き入れてくれないのです。「もうすでに救われているのだ。『南無阿弥陀仏』と称えていたら、それでよいのだ」と言っているわけです。

そういう人たちに、「少しだけ足りないんですけどねえ」という話をし、「もう少し正直になって、自分の人生を反省してみたらいかがでしょうか」と言って、「生涯《しょうがい》反省」をお勧《すす》めするのですが、「いや、もっと簡単なものなのだ。念仏さえ称えていればよいのだ」と言い返す人がいるのです。

信仰を重視する宗教において、「信仰で救われる」ということを強調すると、そのような考え方になってはいくのですが、現実には、やはり、それぞれの人の生き方について、「今世《こんぜ》の生き方は、どうであったか」ということが検証されなくてはならないのです。

親鸞《しんらん》の「悪人正機《しょうき》説」に潜《ひそ》む問題点

浄土真宗的な教えは、簡単と言えば簡単なのですが、複雑と言えば複雑なところもあります。これは混乱を呼びやすいところです。

例えば、『歎異抄《たんにしょう》』では「悪人正機《しょうき》説」が説かれていますが、ああいう、「悪人こそ救われる」というような教えがあるため、「ときどき、間違った人たちが出てくる」ということを親鸞《しんらん》自身も言っています。

「悪人正機説」とは、要するに、「極悪深重《ごくあくじんじゅう》の悪人こそ救われるのだ」という考え方です。

それは、現代的に言えば、次のようなことです。

病院というものは、死にかけの救急の病人をこそ優先して処置します。ICU（集中治療《ちりょう》室）に連れていって処置し、死にかけの人の救済に入るのです。病状の軽い人の場合には、「放っておいて、あとから治療しても間に合う」という理由で後回しにし、非常に病状の悪い人、死にかけの人ほど、力を入れて救うわけです。

これと同じように、浄土真宗には、「阿弥陀如来《にょらい》は本当の悪人こそ救うのだ」

というようなことを教えている部分があるので、開き直る人がいます。「これだけ悪を犯したら、救われるのは早かろう」というようなことを考える人がいるのです。

しかし、親鸞自身が、自分の弟子《でし》というか、実際は息子《むすこ》に対して言っているなかには、「よい薬があるからといって、自《みずか》ら進んで毒薬を飲むようなバカがいるか！」というような言葉があります。

親鸞は、「『どんな毒でも消せる薬があるから大丈夫《だいじょうぶ》だ』と言い、毒薬をガンガン飲むことは、ほめられたことではありません」ということを言っているのです。

これは、「阿弥陀様の慈悲《じひ》がいくら深いからといって、今世においてでたらめな生き方をし、他人様《ひとさま》に迷惑《めいわく》をかけ、ほかの人が後始末《あとしまつ》をしなくてはいけないような生き方をしたのでは、ちょっと考え違いがあるのではないか。本当の仏様は、慈悲の力が強いから、『どんな方でも救いたい』という気持ちを持っているけれども、現実には、生きている人間の、それぞれの人生が点検されていくことは事実である」ということです。

映画「天使に〝アイム・ファイン〟」が示した「救済の真実」

今（二〇一六年三月）、全国で公開中の映画「天使に〝アイム・ファイン〟」（製作総指揮・大川隆法）を観《み》たら分かりますが、天使は一生懸命《いっしょうけんめい》、いろいろな人を救おうとしています。手を伸《の》ばしています。光を与《あた》えています。アドバイスを与えています。「救おう」という気持ちでいっぱいです。

それに対して、地上にいる人たちは、その天使の手を握《にぎ》り返し、「アイム・ファイン」「私は元気です」と言わなくてはなりません。「今日も頑張《がんば》るぞ！」というかたちで、自分の気持ちを立て直し、「やる気」を出さないといけないのです。

「あの世からの救済」と、「この世での『天使の手を握る』という活動」と、この両方が合わさったときに、初めて救済が成立します。そのことを、この映画はよく知らせています。

禅宗《ぜんしゅう》には、どちらかというと、自力修行のほうを強調しすぎて、ともすれば、信仰というものを「ないがしろ」にしがちであるところもあります。

「仏陀の、悟《さと》りを求めての坐《ざ》禅《ぜん》修行、禅定《ぜんじょう》」のと

映画「天使に“アイム・ファイン”」(2016年公開)

ころばかりを強調しすぎて、信仰のほうが薄《うす》くなったり、霊界《れいかい》の存在についての認識が薄くなったりするところが禅宗にはあるのです。

一方、他力門《たりきもん》のほうには、こちらはこちらで、信心は強調するけれども、自分の努力などの精進のところを甘く見る傾向があります。

真実は、この両方にあります。難しい言葉で言うと、「啐啄同時《そったくどうじ》」といいますが、自力と他力とが同時に必要なのです。

卵のなかに入っているヒナは、孵《かえ》ろうとするときに、なかからくちばしで殻《から》をつつき、「ここを外からつついてほしい」という合図をします。そうすると、親鳥は、なかから自分の子供がつついているところを、外からつつきます。その結果、殻が破れ、そこからヒナが出てくるのです。

これが悟りの状況《じょうきょう》です。悟りを得るためには、自分から、自分の殻を破っていこうと努力すると同時に、天使、あるいは菩薩《ぼさつ》や如来といわれる存在、観音《かんのん》様などが、その人を救おうとすることが必要です。

自力と他力との両方が合わさって、救済は成立するのです。

浄土真宗の教えは、間違っているわけではありませんが、救済の方法論の一部までしか説き切っていません。そのことを十分に知っていただきたいと思います。

「悟《さと》りを求める心」「法を求める心」を大事にせよ

この北信越《ほくしんえつ》の地において、「夢を実現する心」を説くに当たり、申し上げておきたいことがあります。

ここは「宗教的土壌《どじょう》が強い」とのことなので、「この世に生まれた以上、数十年から百年、この世に生きている間《あいだ》に、自分の人生に意味をあらしめることが、非常に大事なことであるのだ」ということを、どうか知っていただきたいと思うのです。

もし、「南無阿弥陀仏を称えるだけで、仏さんになれ、往生できる」ということであるならば、すなわち、「この世での、こまごまとした毎年毎年の努力、いろいろな仕事や活動等の結果がどうであれ、誰《だれ》もが救われる」と考えるかたちであれば、やはり、甘いところがあるのではないかと思います。

「この世での修行」というものも大事ですし、「気力」「気概《きがい》」「努力」「精進《しょうじん》」、こういうものは非常に重要なものなのではないかと私は思っています。

今日、この高岡《たかおか》市民会館は満席で、立聴《りっちょう》の方までいらっしゃいます。「たぶん、狭《せま》いだろう」と予想はしていたのですが、それでも、今日、予約して来られた方々は、それだけの「悟《さと》りを求める心」というか、「法を求める心」があったことは間違いなく、立派なことだと思います。

そのように、「自分で一歩を踏《ふ》み出す努力」は、やはり要《い》ると思うのです。そういう努力なくして、「じっとしていたら悟れる」というようなことは、やはりないと思います。

こういう考え方を、どうかひとつ、大事にしていただきたいものだと考えています。

3　予想どおり失速した「アベノミクス」

他党から「政策」を評価されている幸福実現党

今日の演題に沿って、いろいろな話をしていこうかと思っていますが、第一部で幸福実現党の話があったので、これにも触《ふ》れざるをえないと考えています（注。本法話《ほうわ》に先立ち、二〇一六年参院選の立候補予定者たちによる対談や挨《あい》拶《さつ》が行われた）。

幸福実現党は、二〇〇九年五月に立党し、今年で満七年を迎《むか》えようとしています。

今では地方議員が七名います。初期には地方議員に力を入れていなかったのですが、今、地方議員が出てきているところです。そして、「国会のほうにも何とか食い込《こ》みたい」と思っています。

主要マスコミや国民全体は、極《きわ》めて緩《ゆる》やかな認識というか、ついていき方をしていて、「私たちの言っている言葉が、なかなか通じなかった」というのが現実であったのではないかと思います。

幸福実現党は、立党した二〇〇九年から「国防の危機」について申し上げていましたが、マスコミのほうは、ほとんど反応していませんでした。

政党のほうはというと、自民党も当時の民主党（現・民進党）も、両方とも、それを争点にすることを避《さ》け、できるだけ逃《に》げようとしていました。「選挙が終わってから考える」という感じだったでしょうか。あるいは、考えないところもありました。

また、景気対策についても、「アベノミクスの原型」に当たるものは、もう、幸福実現党の最初の政策で出ているのです。〝パクった〟とは申しませんが、幸福実現党のマニフェストを読んだ人は多数いたのではないかと思います。

ほかの政党に訊《き》きましても、「政策においては、幸福実現党がいちばんよろしい」ということを認めてくださっています。ただ、「議席を取れるのは、うちだ」ということでしょう。これは既得権《きとく》というべきかもしれませんが、逆に、「幸福実現党の政策をうちが実現してやっているんだから、それでいいじゃないか」と思っているかもしれません。

「アベノミクス」とは矛盾《むじゅん》していた「消費増税」

「アベノミクスは景気浮揚《ふよう》には役に立つと思うけれども、消費増税をしたら、それは理論的には矛盾《むじゅん》するので、失敗しますよ」ということを、私は最初から申し上げていました（『忍耐《にんたい》の時代の経営戦略』（幸福の科学出版刊）等参照）。

最近、安倍《あべ》首相は、アメリカからノーベル賞級の経済学者を日本にお呼びして意見を聴《き》き、「消費税率をまた上げたら、景気が失速し、税収増どころではなくなるかもしれない」というようなことを言い出したようです（注。二〇一六年三月、

『忍耐の時代の経営戦略』
（幸福の科学出版刊）

政府が首相官邸《かんてい》で複数回開いた「国際金融《きんゆう》経済分析《ぶんせき》会合」において、共にノーベル経済学賞の受賞者である、ジョセフ・スティグリッツ米コロンビア大教授と、ポール・クルーグマン米ニューヨーク市立大教授が意見を述べ、両氏は消費税再増税の延期を提言した。そして、三月十八日の参院予算委員会で、安倍首相は消費増税について、「経済が失速しては元も子もなくなる」と発言している)。

これは言い訳でしょう。「わざわざ外国から権威《けんい》を呼んで、消費増税を先延ばしするかどうかの判断をマスコミに流し、反応を見ている」というところだと思います。

「増税」と「景気回復」との両立は、もともと成り立たないものなのです。

「景気を回復する」ということなら、〝大気圏外《たいきけんがい》〟〝成層圏外〟に出るところまで行ってしまわないと駄目《だめ》なのです。そこまで景気が回復したら、税収は増えるので、「わざわざ税率を上げる」ということを急ぐ必要はないのです。「景気を回復させ、同時に税収を上げる。増税することで景気が回復する」というようなことを述べていたと思うのですが、増税で景気が回復するのだったら、世界中の政府がやっています。当たり前です。

税金はどこも欲《ほ》しいのですが、税金を取ると国民が苦しむから、取れません。「税金は取れないけれども、景気はよくしたい。どうしたらよいか」ということです。安倍首相には、このあたりのところで、考え違《ちが》いが多少あったのではないかと思います。

政治家や役所は〝増税が好きな種族〟

このように疑いたくはないのですが、（政府のほうは）もしかすると、「消費税を五パーセントから八パーセントに上げたら、三パーセント、景気がアップする」と考えたのではないでしょうか。

ここまで予想したら失礼に当たるので、「これを考えてはいけないかな」と思うのですが、いちばん単純に考えると、そう考えた人がいるのかもしれません。「まさか、政権与党《せいけんよとう》に、そんな人がいたりはしないだろう」と信じたいところです。

お店をやっている方、商売をやっている方は分かると思います。

「今年の事業計画で三パーセントぐらい売上を上げたい。では、三パーセント、定価をアップしよう。三パーセント、定価をアップしたら、年収は三パーセントアップするだろう」

これは成り立ちますか？　どんなに小さなお店の方であっても、「それは、いくら何でも、ないでしょう」と思うでしょう。

三パーセント、定価を上げたら、収入が三パーセントアップする。これは考えられません。なぜでしょうか？　買わなくなるからです。当たり前です。高いから、もっと安いところに客は流れて、売れなくなります。そして、「あれ？　おかしいな。売上が増えるはずだったのに減ってしまい、利益も減ってしまった。どうしたのだろう？」ということになります。

これが真実です。真相は、こんなものなのです。

「政治家だけの問題」とは言いません。役所の側も同様です。役所というものは、えてして、そういうものであり、彼らは、「自分たちがやったことによって結果が出ること」を喜んでいるために、そのようにしたがるのです。

増税で国の収入が上がったら、自分たちの手柄《てがら》なのですが、「自然増収のかたちで税収が増える」ということは、自分たちの手柄ではないので、あまり好きではないのです。

自然に景気がよくなって税収が増える場合、これは民間の力によるものです。「景気がよくなり、民間企業《きぎょう》の収入が増えた。おかげで税収も増えた」ということは、自分たちの手柄ではないため、あまり好きではないのです。

したがって、政府も役所も、基本的には不況《ふきょう》のほうが大好きです。不況だと、いろいろなところが「何とかしてくれ」と言ってきます。

国民が「不況をどうにかしてください」と言ってきますし、マスコミのほうも、国民につつかれて、「不況対策をしろ」と言ってきます。「対策をしろ」と言われると、権力が増し、「いろいろなところにお金を撒《ま》く」ということが始まりますし、お願いをされるから力が入ります。それから、税金を取る名目もできてくるわけです。

そういうことなので、国家や政府は、基本的には〝不況と増税が好きな種族〟なのです。

しかし、やはり、「ここに大きな〝落とし穴〟がある」と言わざるをえないと思います。

4　財政赤字をつくり続けてきた自民党政治

現在の財政赤字をつくったのは〝一党独裁〟の自民党政権

先ほど述べた、北信越《ほくしんえつ》の三、四県をヒアリングした結果として、「何とか食べていけたらよい」という意見や、「親鸞聖人《しんらんしょうにん》が何とかしてくださる」という意見のほかに、「どうせ自民党が勝つのだから、何をやっても同じだ」という意見も、けっこう強くありました。

しかし、よく考えてください。

民主党政権が三年ぐらいありましたが、戦後、「五五年体制」以降、ほぼ、自民党の〝一党独裁〟体制がずっと続いてきました。

「今、一千兆円以上ある」という財政赤字、政府の借金は、いったい誰《だれ》がつくったのでしょうか？　このことをよく考えていただきたいのです。

トータルで五十年以上もの間、〝一党独裁〟でやってきた自民党政権が、政権を維持《いじ》し、選挙で勝ち続けるために、この財政赤字は増えてきたのではなかったでしょうか。そのことを知っていただきたいのです。

個人でお金をばら撒《ま》いて票を買ったら、これは買収であり、犯罪になって捕《つか》まります。当選するどころか、刑務所《けいむしょ》行きになります。

ところが、「議員として、あるいは大臣や首相として、あるいは役所として、予算をつくり、その予算を消化する」というかたちでお金をばら撒いた場合に

●**五五年体制**　1955年に成立した、二大政党を中心とする政治体制。与党第一党は自由民主党、野党第一党は日本社会党が占めた。以後、自由民主党の政権維持が1993年まで40年近く続いた。

は、これは、「公然と公費により合法的に買収ができ、票が買える。それぞれの業界に有利な予算をつくり、補助金をばら撒けば、票が買える」ということです。

　実は、合法的に買収ができているのです。それが現在の政府の姿です。

　それを数十年続けた結果、一千兆円以上の赤字をつくったわけです。

　これは、「経営者だったら使わないお金を使った」ということでもあります。経営者は、「自分たちの会社にとってよいこと」のためや「成長するとき」のためにお金を使う一方で、「貯金して残しておかなくてはいけない」とも思うものですが、政府は、そのお金を全部、使ってしまったのです。

　その結果、今、一千兆円以上の財政赤字が累積《るいせき》しているわけです。

　民主党政権の三年少々の間、私は政府に対し、かなり厳しい批判をしましたが、巨額《きょがく》の財政赤字を民主党がつくったわけではありません。

もっとも、民主党が民進党になったからといって、政権に戻《もど》ってきてほしいとは思っていません。日本に民進党ができることを、台湾《たいわん》だって迷惑《めいわく》がっているようです（注。台湾には民進党〔民主進歩党〕という政権政党がある）。

一千兆円以上の赤字をつくるのは、なかなか、できることではありません。〝そうとうな技《わざ》〟です。普通《ふつう》の人間にはできません。少なくとも、課長職以上の経営能力がある人にはこんなことはできないので、これはまったく、「平社員が経営した」としか思えないレベルの仕事です。

「『とにかく当選すればよい』と思って、票が集まりそうなところに補助金を撒いた」ということが明らかに見えています。

今の税制は「百姓一揆《ひゃくしょういっき》が起きたレベル」を超《こ》えている

私は言います。幸福実現党にお任せください。三十年あったら、ほとんど「無借金経営」に変えてみせます。できます（会場拍手《はくしゅ》）。

自民党は、自分たちの議席を補助金で買っているわけです。この補助金の元は税金です。税金を増やすために、消費税を上げ、所得税を上げ、相続税を上げ、税金を取りまくっています。

相続税は、生きている間に働いて、所得税等をたくさん払《はら》った残りに対する課税です。子孫《しそん》に遺《のこ》そうとしているものまでガッポリ取ろうとしているわけですから、たまりません。

「三代続いたら〝税率は百パーセント〟」「親、子、そして孫の代まで行ったら、〝百パーセント〟税金を取られる」とも言われています。これは、かなり厳しい話です。これでは取りすぎです。いくら何でも、おかしいのです。

これは、江戸《えど》時代に百姓一揆《ひゃくしょういっき》が起きたときのレベルを完全に超《こ》えています。「五公五民《ごこうごみん》」を超え、半分以上取られたら、一揆が起きます。自分が働いたのに、その半分以上を税金に取られ、それがどこに使われているかが分からないのでは、普通は暴《あば》れるのです。

「保育所問題」以前の問題である「国家社会主義」

（税金の問題等の）解決の方法の一つは「許認可《きょにんか》行政」のところを見直すこ

とです。「許認可行政」を見直さなくてはいけないと思います。

今度、民主党と維新の党などが合体して民進党になりますが（注。本説法《せっぽう》の当日、民進党の結党大会が行われた）、野党は、今、「保育所に落ちた」という人が大勢いるとして、「子供が保育所に入れない」という問題で政府を揺《ゆ》さぶっています（注。二〇一六年二月、保育所の選考に落ちた子供の親が、「保育園落ちた」というタイトルの匿名《とくめい》ブログを投稿《とうこう》した。それが大きな反響《はんきょう》を呼び、公費で運営される認可保育所の増設等が国会でも議論された）。

そして、「その対策のために税金を投入し、保育士の給料を上げたら、保育所に就職する人が増えるのではないか」と言われています。

「保育士の資格を取った人は一年間に五万人ぐらいいるのに、実際に保育士になった人は二万人ぐらいしかいない。それは、全業種の平均月収に比べて、保育士の平均月収が十万円ぐらい低いからだ」というようなことが言われているわけです。

しかし、私は、「それ以前の問題として、許認可行政がありすぎるのではないか。そういうものを見直したほうがよいのではないか」と思います。

小さいお子さんの場合、「知育《ちいく》」、つまり知的教育をそれほどやっているわけではないので、親が仕事をする間、安心して子供を任せられるところがあればよいのです。実際、「どういうところだったら安心できるか」ということですが、子供を自分で育てた経験があり、信用のある方が何人かいて、面倒《めんどう》を見てくださるようになれば、別に、それほど心配はないと思うのです。

知識教育は、塾《じゅく》のようなところではやっていますが、それ以外のところではやっていません。

資格にこだわったり、国が、保育士の給与《きゅうよ》の最低基準を決めて、給与を上げようとしたりすると、「予算が幾《いく》ら要《い》る」という話になりますが、これは、「国家社会主義」といって、いちばん失敗するタイプのやり方なのです。

こんなことは、かつて旧ソ連がやっていたことです。国が、賃金体系から何から全部を決めるのは「計画経済」です。

ただ、これだと、市場のニーズが分からず、市場のニーズに合わせた仕事ができないので、失敗します。これと同じ方向に、どんどん向かっているのです。民主党政権であろうとも、自民党政権であろうとも、やろうとしていることには国家社会主義的傾向《けいこう》があります。言い換《か》えれば、「中国や北朝鮮《きたちょうせん》に似たことをやろうとしている」ということなのです。この考え方は変えたほうがよいと思います。

「許認可で全部が解決する」と思ったら、これは大きな間違《まちが》いです。

学校教育の無料化が進めば「悪い教育」が生まれる

「保育所から幼稚園《ようちえん》、小学校、中学校、高校、大学と、全部、無料にする」ということを言っているところもありますが、これに対しては、「ちょっと待ってくれ」と言いたいところがあります。

今、教育には、ものすごい額の費用がかかっています。何兆円というお金がかかっているのです。

これを今後、保育所から大学まで、全部タダでやるのでしょうか。

タダでやって、それが「よいもの」ならまだよろしいのですが、「悪いもの」

をやられたら、たまったものではありません。

タダで学校に行き、卒業資格だけはもらっているものの、実際には、多くの人がお金を払って塾に行っています。

塾のほうは、補助金をもらっておらず、税金を納めている側です。補助金をもらわず、税金を納めているところが、「よい教育」をしています。

一方、補助金をもらって税金を消化し、国民からお金（授業料等）をもらっていないところが、実は「悪い教育」をしています。学校のなかで、学級崩壊《ほうかい》を起こしたり、いじめを起こしたり、道徳的な退廃《たいはい》を起こしたりしているのです。こういうことがたくさん起きているわけです。

ですから、やはり、資格や審査《しんさ》によって、何でもかんでも政府のほうで握《にぎ》ろうとする考え方は、やめたほうがよいのです。

山中《さんちゅう》に消費者庁を移して「全国の消費の状況《じょうきょう》」が分かるのか

これを「地方分権」などでごまかしては駄目《だめ》だと思います。

政府は、「役所を地方に分散させることで、地方が活性化する」と言って喜んでいますが、それは、「そこに行った職員の分だけ、消費が増えるかもしれないし、多少は情報が入るかもしれない」というだけのことです。

先般《せんぱん》、消費者庁が、試験的に業務を、私の故郷《こきょう》である四国の徳島《とくしま》県にある、「神山町《かみやまちょう》」というところに一時的に移しました。しかし、そこは、私も行ったことがないぐらいの山のなかです。

神山町の隣《となり》には、有名になった上勝町《かみかつちょう》があります。この町はお年寄りばかりなのですが、おばあちゃんたちが、真《ま》っ赤《か》になった紅葉《もみじ》を拾って集め、それを京都あたりの料亭《りょうてい》などに、ビニール袋《ぶくろ》に入れて売り、料理を出すときに、刺身《さしみ》などに赤い紅葉を並べると、ちょっと飾《かざ》りになるわけです。それで少し収入をあげたというのが話題になったぐらいです。

「徳島県は喜んでいるのかもしれない」と思いつつも、全国的に見ると、バカげていて、聞いていられないレベルであり、「どうして、そこで全国の消費の状況《じょうきょう》が分かるのでしょうか」と言いたいと思います。

かなり難しいことをやって、一生懸命《いっしょうけんめい》、人気取りに励《はげ》んでいるように見えてしかたがありません。

まず、「許認可行政」の見直しをすべきです。

また、おそらく、補助金等によって、政党への支持団体づくりを組織的にやっているはずなので、「許認可行政」の見直しと同時に、このへんのところを解体していかないと、やはり公正な政治はできないのではないかと考えています。

このあたりを考え直さないと、やはり駄目でしょう。

「越中富山《えっちゅうとやま》の薬売り」の成功は例外中の例外

地方に分権をして成功する例があるとしたら、昔の「越中富山《えっちゅうとやま》の薬売り」のようなものでしょう。これは珍《めずら》しい事例ですので、成功する可能性があります。

私が小中学生ぐらいまでは、富山県から薬売りがわが家に来ていたことを覚えています。

一年に一回ぐらい、無口なお兄さんが来て、勝手に二階まで上がり込《こ》み、たんすの上のところを開けて、木でできた薬箱を引っ張り出し、なかを調べてチェックノートに書いて、足りない分を補充《ほじゅう》するのです。

「変なことをするなあ。こんなことでも商売になるのかなあ」と、こちらが思うようなものでしたが、中高生のころあたりからか、その薬売りの姿を見なくなったような気がするのです。

九州出身の秘書に訊《き》いてみたら、やはり、「自分が小さいときに、富山から薬売りが来ていました」と言っていたので、かなり長くやっていたに違いないと思います。

それだけのことができるのであれば、「幸福の科学のエル・カンターレ信仰伝道局や出版局を富山に置くと、もしかしたら、全国を制覇《せいは》できる可能性があるのではないか」と思うこともあるのです（笑）。

ただ、これは例外中の例外であり、ほかには、こういうものを聞いたことはありません。「旅費や宿泊費《しゅくはく》などを、いったい、どうしたのだろう?」と思いますし、採算が取れたのかどうか、私には分からないのですが、「まことに不思議な商法があったものだな」と思います。

そういうものもあったので、全部を否定はしませんが、「地方分権」「国による最低賃金」「補助金のバラマキ」を、責任逃《のが》れのためにやられないよう、気をつけなくてはいけないのです。このことを強く感じています。

5　国防について正直な議論をすべき

「立憲制《りっけんせい》」の立場から見ると、防衛省は〝蜃気楼《しんきろう》〟

それから、「国防」のことについても、私は何度も言っています。憲法学者も絡《から》んで「安保法制」に反対したり、左翼《さよく》や平和論者、環境《かんきょう》論者といわれる人たちが、「原子力そのもの」や「軍備」に反対したりしていますが、これについても、私には意見がないわけではありません。

少し難しくなりますが、去年（二〇一五年）、大きなテーマだったので、あえて言及《げんきゅう》します。

去年、「立憲制《りっけんせい》」という言葉がよく使われていました。立憲制とは、「国の運営を憲法に基《もと》づいて行う。憲法に規定のないことをやってはいけない。憲法に基づく法律を通じて国の行政を行うのだ」というものです。

そして、「立憲制の下《もと》では、憲法は基本的に公務員を縛《しば》るものであり、公務員は憲法で縛られていて、憲法に反することをしてはいけない」とされています。

例えば、憲法第九条は、「陸海空軍その他の戦力は、これを保持しない」「国権の発動たる戦争と、武力による威嚇《いかく》又《また》は武力の行使は、国際紛争《ふんそう》を解決する手段としては、永久にこれを放棄《ほうき》する」と定めてあります。これが公務員を縛っているとするならば、もちろん、首相および大臣等も例外ではなく、これはできないわけです。

また、憲法第九十八条には、「憲法に反する法律等の全部または一部は無効である」というようなことも書いてあります。

そうすると、「防衛省」というものが存在しても、これが憲法に違反《いはん》しているのだったら、これは〝蜃気楼《しんきろう》〟であり、実は〝存在するけれども、存在しない団体〟ということになるのです。海上自衛隊も、存在するけれども、実は存在せず、航空自衛隊も、存在するけれども、実は存在しないわけです。

「白馬《はくば》は馬《うま》にあらず。白い馬は馬ではない」という言い方のような感じですが、こんなものが、堂々と、七十年近く、まかり通っているのです。

やはり、「もう少し正直でなくてはいけないのではないか」と思います（注。「立憲制」「立憲主

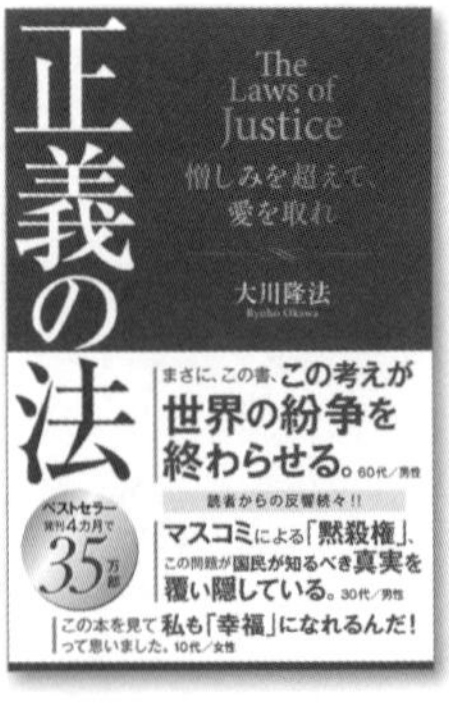

『正義の法』
（幸福の科学出版刊）

義」に関しては、『正義の法』（幸福の科学出版刊）で詳《くわ》しく論じている）。

今の憲法では、民間会社が国の防衛を行うしかないのか

百歩譲《ゆず》って、憲法学者、および、それを担《かつ》いでいる左翼陣営《じんえい》の人々が言うことを受け入れ、「憲法は公務員を縛るものだ」と考えるとした場合、「では、憲法九条も公務員について適用されるんですね？　そういうことだったら、民間が防衛をしてもよろしいのではないでしょうか」と言いたいところです。そういう考えも、ないわけではありません。

現実に、セコムやＡＬＳＯＫ《アルソック》（綜合《そうごう》警備保障）のシールを、家の前に貼《は》っているところはたくさんあります。あれを貼っていると、「警備している」ということが分かり、泥棒《どろぼう》が入りにくいのは事実です。

警察は、電話をかけてから、どのくらいで来ると思いますか。だいたい、早くて四十分、遅《おそ》ければ一時間以上かかります。来ない場合もあります。

「人殺しです!」「殺人です!」と言った場合には早く来ることがありますが、「不審《ふしん》な人がいます」と言ったぐらいでは、暇《ひま》なときにやってくる程度です。

一方、セコムやALSOKから、「十五分以内に来ます」などと言われると、こちらのほうと契約《けいやく》してしまうわけです。

同じように、「民間であっても防衛できないわけではない」という考え方を取れば、〝海上警備型のセコム〟など、そういうものもあってもよいかもしれません。

あるいは、「いざ」というときに避難《ひなん》できるようにするための、セコムやALSOKのようなものも、あってもよいかもしれません。

「全部、自衛隊頼《だの》み」といっても、「自衛隊の長《ちょう》が首相であるかぎり、首相のところが動かなかったら、何も動かないことにもなりかねない」と言えるのではないかと思います。

6　政治家は自《みずか》らの判断に責任を取るべき

同じ争点で二回も解散・総選挙を行うのはおかしい

技巧《ぎこう》的、技術的にやることはいろいろと多く、そういう議論がテレビでも新聞でもまかり通っていますが、私は、やはり、「もう少し正直になろうではありませんか」ということを言いたいのです。「必要なもの」か、「必要ではないもの」か、これを正直に話したほうがよいのではないかと思います。

「上手に嘘《うそ》を言った者が当選し、多数派を形成して、国の政治を行うことができる」という状況《じょうきょう》は、やはり、どう考えてもおかしいのです。

この七年間、当会が言い続けてきたことは、ほとんど当たっています。そして、当会の言っていることを〝パクった〟ところは、そのあと、有力な政治勢力として存続できているのです。生半可《なまはんか》に理解した場合には、失敗することもありましたが、そのようになっています。

そろそろ、「言っていることが正しいのか、正しくないのか」ということを、主要マスコミも見分ける必要があると思います。

また、それに追随《ついずい》している国民のほうも、「自分たちの投票行動は正しかったのか、正しくなかったのか」ということについて、責任を取らなければいけないときが来ているのではないでしょうか。

例えば、前回の衆院選（二〇一四年十二月実施《じっし》）の際、安倍《あべ》首相は、「消費税率を十パーセントに上げることを延期するが、二〇一七年の春には上げる」ということを目標に掲《かか》げて、解散・総選挙を打ちました。

ところが、今、「今年の夏の参院選に合わせて、『もう一回、消費増税を先延ばしにする』ということを争点にして、安倍首相は衆議院を解散するのではないか」ということもささやかれています。

しかし、「同じ争点で二回も解散をする」というのは、どう考えてもおかしいのです。

一回、衆院選をやると、五百億円から七百億円ぐらいのお金がかかります。「自分の政策が正しかったかどうか」ということについて、自分では責任を取らず、「判断を国民に振《ふ》り、投票させて決めさせせる」というようなかたちで民主主義に見せて、責任回避《かいひ》をしながら、これだけの公費、税金を使うのです。

そして、選挙に出る現職の人たちは、税金から給料をもらっており、選挙活動も税金でやっていながら、さらに選挙をやるために何百億円もの資金を使います。これはおかしいのです。

経済政策が間違《まちが》っていたのなら、その間違った経済政策を立てて遂行《すいこう》した人が責任を取るべきだと私は思います。

ところが、その問題について、一回一回、国民に訊《き》き、「その多数がどうだったから」というようなことで判断するのは、おかしすぎます。絶対におかしいのです。

また、やっている仕事自体、非常に専門技術的な経済内容に入っているので、こんなことについてまで国民に責任を負わせるのはおかしすぎます。

したがって、今の政権に対しては不信感があります。

もう少し堂々と正直にやってはどうでしょうか！（会場拍手《はくしゅ》）

「核《かく》装備」に関する私の発言に影響《えいきょう》を受けた政府

「防衛」の問題も、当会がずっと言ってきたものですが、やっと動き始めているようです。

北朝鮮《きたちょうせん》が「水爆《すいばく》実験までやった」「核《かく》の小型化に成功した」と言って、ミサイルをバンバン撃《う》ちまくっているので、「もう、しかたがない」と思い、先日（二〇一六年二月十五日）の品川《しながわ》での説法《せっぽう》では、勇気を持って、「正当防衛の範《はん》囲《い》内にもう入っているから、日本は核装備についても研究しておいたほうがよい」と私は言いました（本書第1章参照）。

そのあと（三月十八日）、内閣法制局長官が国会に出てきて、「核を保持することも使用することも、自衛の範囲に含《ふく》まれている」というようなことを言いました。

それで左翼《さよく》系のマスコミは、「急に、そこまで言うのか」と驚《おどろ》いていましたが、私が言ったから、内閣もすぐにそう言ったのです。私の発言に影響《えいきょう》され、簡単に〝変わる〟のです。

要するに、責任を取りたくないだけなので、「誰《だれ》かが言ってくれたら、言える」ということです。

とりあえず（相手に核兵器を）使わせない

2016年3月18日、参議院予算委員会で核装備に関して答弁する横畠裕介《よこばたけゆうすけ》内閣法制局長官。

2016年3月29日、CNNの番組のなかで、日本の核装備を容認する発言をした米大統領選候補者のドナルド・トランプ氏。

ためには、「一方的な攻撃《こうげき》はできない」という姿勢をつくることが大事だと私は思っています。

はっきり言って、（北朝鮮の国家指導者は）狂《くる》っています。

核実験を四回行い、「とうとう水爆実験をした」「核兵器の小型化に成功した」と言って、ミサイルを近所にバンバン撃ちまくっている状況です。これは「いつでも攻撃できるぞ」という意思表示でしょう。

富山《とやま》県にも、いつでもミサイルは飛んできます。

ミサイルが飛んでこなかった場合には、ここに北朝鮮からボートピープルが大勢やってきます。これに耐《た》えられますか。北陸の人たちは、「食べていけるからよい」と言っているかもしれないけれども、ボートピープルが富山や金沢《かなざわ》に溢《あふ》れたら、どうするのでしょうか。

「8番らーめん」（注。北陸地方等で人気のあるラーメンチェーン店）だって、潰《つぶ》れるかもしれません（会場笑）。彼らにタダ食いをされ続けたら、場合によっては倒産《とうさん》の危機になります。

「これに対して、全部、奉仕《ほうし》しなくてはいけないのか」と思うと、たまらないでしょう。「次、味付けをもっと辛《から》くしてくれ」などと言い出されたら（会場笑）、大変なことになります。

そういうことがあるので、やはり、もう少し考える必要があると思います。

学校教育をタダにするのは〝親不孝のすすめ〟

学校に関しても、やはり、「授業料等をタダにする」ということには問題があります。

確かに、税金を上げられて国民が苦しいので、教育のほうをタダにしたくなるのでしょうが、私には、どうしても、何かおかしいような気がして、しかたがありません。これは「親不孝のすすめ」をしているように見えてしかたがないのです。

「親孝行の原点」はどこにあるのでしょうか。やはり、「親が、貧しかったのに、頑張《がんば》ってお金を積み立て、学校にやってくれた」などということが、けっこう親孝行の原点になるのです。

「中学までしか行けないところを、高校にやってくれた」とか、「高校で限度だったところを、『奨学金《しょうがくきん》をもらって行くのなら、大学に行ってもいいよ』と言ってくれた」とか、こういうことが親孝行の原点になるわけです。

全部がタダだったら、一見、いいようではあるけれども、これは、けっこう、「親を捨てろ。捨てられた親は、国が税金で面倒《めんどう》を見るから」と言っているような感じなのです。

何か、あっちでも、こっちでも、税金がかかるかたちでやっているようにしか見えません。これについては、心配でしかたがないのです。

生活が非常に苦しいレベルの人たちに、援助《えんじょ》の手を差し伸《の》べること自体については、私も反対ではありません。それから、自分で働いて返済するかたちの奨学金等を充実《じゅうじつ》することについても、反対ではないのです。

ただ、もし授業というものに付加価値があるのだったら、やはり、お金を払《はら》えるところには適正な値段で払っていただきたいものです。教員の人件費や光熱費、紙代などを、きちんと払えるぐらいの内容の授業をやっていただきたいし、結果に責任を取っていただきたいと思います。
このあたりを言っておきたいのです。
どうも、「親方《おやかた》日の丸」でやるものの成果が、どうしてもよくないわけです。

7　至誠《しせい》をもって日本の未来を拓《ひら》く

「東大の上位一割」に引けを取らないＨＳＵ

東京大学は二〇一三年から、「入試での英語の成績が上位一割の人たちを選び出し、特別に英語と第二外国語が使えるように教育する。英語で仕事ができるようなレベルまで持っていく」というプロジェクト（トライリンガル・プログラム）を始めています。

今年、幸福の科学学園の那須《なす》校からも関西校からも東大合格者が計六名出ましたが、そのうち、それぞれ一人ずつが、その上位一割に入り、東大のほうから、「特訓コースに入れます」というような連絡《れんらく》が来たそうです。

ただ、そのうちの一人は、東大を蹴《け》り、ＨＳＵ（ハッピー・サイエンス・ユニバーシティ）に行っています。

東大の、その上位一割用のカリキュラムは、なんと、幸福の科学のＨＳＵ全体のカリキュラムの到達《とうたつ》目標とだいたい同じです。日本のエリートは、そのレベルなのです。

「東大生のなかで、英語がよくできる人を一割だけ選んで教育する」という場合、「ＴＯＥＦＬ《トーフル》 ｉＢＴ《アイビーティー》」というテストだと百点以上、つまり「ＴＯＥＩＣ《トーイック》」というテストで言えば九百点以上ぐらいが目標です。

そこに到達する可能性があるのは「東大生で一割ぐらい」と見て、「特別訓練をする」と言っているのですが、ＨＳＵでは、全部がそれをターゲットに入れてカリキュラムを組んでいます。私のつくった教材は、全部、そのレベルに入っているので、よほど先まで行っているわけです。

学校より塾《じゅく》が進んでいるのであれば、本当の私立のユニバーシティにおいては、国立や公立の大学よりも、はるかに進んだところまで教育ができ、「やる気」があれば、「実際に使える人材」をつくることができるのです。

2015年４月に開学したハッピー・サイエンス・ユニバーシティ（ＨＳＵ）＝千葉県長生村。

今、日本人に必要なものは「やる気」

したがって、今、私たち日本人に必要なものは「やる気」です。

そして、グダグダとした粉飾《ふんしょく》やごまかし、騙《だま》し、こういうことのために無駄《むだ》なエネルギーを使わないことです。必要なことのために、まっすぐに突《つ》き進むことです。余計な時間を使わないで、やるべきことをバシッとやり抜《ぬ》くことが大事なのです。

景気を回復したいのであれば、それが〝できる〟ようにすることです。日本では、二十年間も名目ＧＤＰ（国内総生産）がまったく増えていません。ＧＤＰが、ここ二十年間、五百兆円ぐらいで止まっています。よっぽどの人でなければ、こんな国家経営はできません。国の経済は、放っておいても発展します。これを「発展させない」ために、これだけ〝頑張《がんば》って〟いるわけです。

こういう人のために税金を使い、投票をして、責任を取らされているのです。

みなさん、そろそろ怒《おこ》ってください。怒らなくては駄目です（会場拍手《はくしゅ》）。おかしいのです！

G20の主要国におけるGDP推移

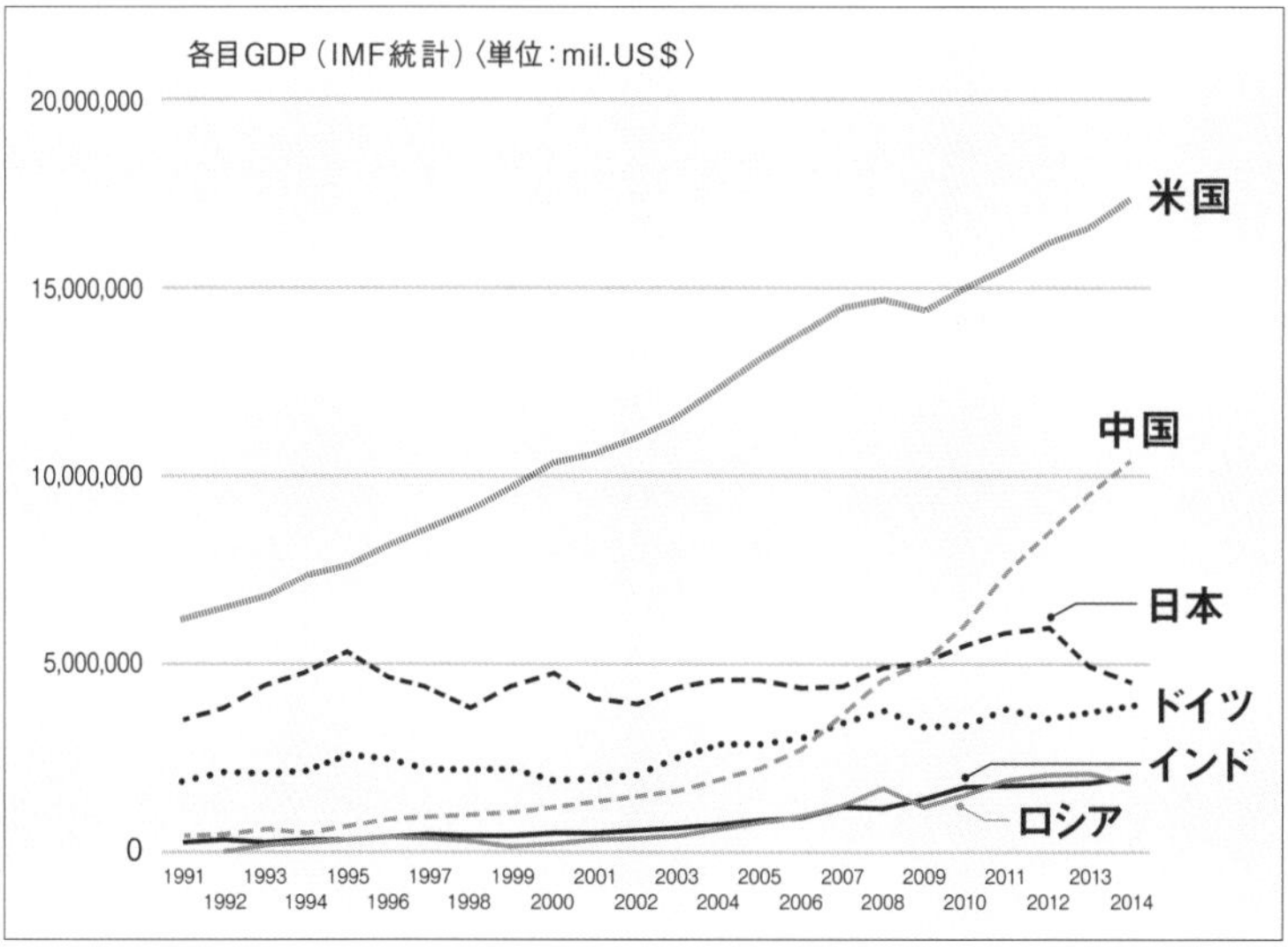

誠をもって断行すれば、すべてのものを動かしていける

「至誠《しせい》にして動かざる者は、未《いま》だ之《こ》れ有《あ》らざるなり」と言われています。これは孟子《もうし》の言葉ですが、吉田松陰《よしだしょういん》が好んで使った言葉の一つです。

「真心《まごころ》でもって動かせないものなど、世の中にはないのだ」ということを知っていただきたいと思います。

至誠をもってしても、吉田松陰は、幕府の重役を説得して自分の死から逃《のが》れることはできず、死罪になったかもしれませんが、彼が棺桶《かんおけ》に入ったことで、その仕事は終わりはしなかったのです。

松下村塾《しょうかそんじゅく》の重要な弟子《でし》たち十数人は、あるいは自刃《じじん》し、あるいは戦争で亡《な》く

なり、あるいは斬《き》り殺されたりして、先生と同じように死んでいきました。

しかし、明治時代まで生き残った人たちは、どうなったでしょうか。吉田松陰が二年半ぐらいしか教えなかった、一つの小さな塾から、「総理大臣が二名、国務大臣が七名、大学創設者が二名、出ている」と言われているのです。

松陰の前には、叔父《おじ》さんである、玉木文之進《たまきぶんのしん》という人が、松下村塾の塾長をしていたのですが、やがて塾長は吉田松陰に移り、松陰が亡くなったあと、また玉木文之進が松下村塾をしばらくやったのです。

松下村塾（山口県萩市）は、2015 年に世界遺産に登録された「明治日本の産業革命遺産 製鉄・製鋼、造船、石炭産業」を構成する 23 資産の１つでもある。

松陰のあとの時代には、後《のち》の乃木《のぎ》将軍が松下村塾に入っています。あまり知られてはいませんが、乃木将軍は松下村塾卒なのです。彼は、松下村塾を出て、明治の時代に軍人として活躍《かつやく》し、昭和天皇を十二歳《さい》（数え年。満十一歳）まで教育しています。（松下村塾の教えは）「昭和の精神」にまで入っているのです。

松下村塾という小さな塾、松陰自身は二年半ぐらいしか教えられなかった塾から、それだけの逸材《いつざい》が出ているのです。これは世界史的に見ても奇跡《きせき》なのです。こういうことが現実に起きています。

その原点は何かと言うと、「赤心《せきしん》」「真心」「誠意」「至誠」、こういうものです。

「飾《かざ》らない心、まっとうな心、曲がらない心、誠をもって断行すれば、すべてのものを動かしていけるのだ」ということを、みなさん、信じてください！

必ず未来は拓《ひら》けます。

私たちは、そのために立ち上がりました。

最後まで、やり抜きましょう！（会場拍手）

あとがき

「ポピュリズム」という言葉がある。現在では、一般大衆《いっぱんたいしゅう》の歓心《かんしん》を買《か》って票《ひょう》集めをする政治家の言動《げんどう》を意味することが多い。

本書では、危機《きき》に立つ国家にあって、預言者《よげんしゃ》的宗教家の赤心《せきしん》、本心が語られている。

その内容は、宗教と政治の双方《そうほう》にまたがっている。日本の国体《こくたい》は、神々が創《つく》り、その後《あと》、天皇制によって祭政一致《さいせいいっち》が続いてきた。現天皇《げんてんのう》が鎮魂《ちんこん》と慰霊《いれい》に熱《ねっ》心《しん》なのをみても、政教分離論《せいきょうぶんりろん》は、真実の世界を知らない者の立てたフィクションであることがよく分かる。

神が人々を導く内容にかきねはない。神の教えは、宗教も政治も経済も芸術も、「幸福」の名の下《もと》に一つにまとめられているのである。

二〇一六年　四月十日

幸福《こうふく》の科学《かがく》グループ創始者兼総裁《そうししゃけんそうさい》　大川隆法《おおかわりゅうほう》

『世界を導く日本の正義』大川隆法著作関連書籍

『正義の法』（幸福の科学出版刊）
『現代の正義論』（同右）
『政治に勇気を』（同右）
『ユートピア創造論』（同右）
『大川隆法 フィリピン・香港 巡錫の軌跡』（同右）
『自由の革命』（同右）
『他力信仰について考える』（同右）
『忍耐の時代の経営戦略』（同右）
『北朝鮮・金正恩はなぜ「水爆実験」をしたのか』（同右）
『緊急・守護霊インタビュー　台湾新総統　蔡英文の未来戦略』（同右）

『守護霊インタビュー ドナルド・トランプ アメリカ復活への戦略』（同右）
『北朝鮮の未来透視に挑戦する』（同右）
『「特定秘密保護法」をどう考えるべきか』（同右）
『天理教開祖　中山みきの霊言』（同右）
『公開霊言　親鸞よ、「悪人こそ救われる」は本当か』（同右）
『「集団的自衛権」はなぜ必要なのか』（幸福実現党刊）
『温家宝守護霊が語る 大中華帝国の野望』（同右）
『北朝鮮――終わりの始まり――』（同右）
『世界皇帝をめざす男――習近平の本心に迫る――』（同右）
『中国と習近平に未来はあるか』（同右）
『ヒラリー・クリントンの政治外交リーディング』（同右）
『横井小楠 日本と世界の「正義」を語る』（同右）

『佐久間象山 弱腰日本に檄を飛ばす』（同右）

『「パンダ学」入門』（大川紫央著　幸福の科学出版刊）

※左記は書店では取り扱っておりません。最寄りの精舎・支部・拠点までお問い合わせください。

『救国の獅子吼――２０１２街頭演説集①　救国への決断』（幸福実現党刊）

世界《せかい》を導《みちび》く日本《にほん》の正義《せいぎ》

2016年 4 月16日　初版第 1 刷
2016年 5 月17日　第 2 刷

著　者　大《おお》　川《かわ》　隆《りゅう》　法《ほう》

発行所　幸福の科学出版株式会社
〒107-0052 東京都港区赤坂 2 丁目 10 番 14 号
TEL(03)5573-7700
http://www.irhpress.co.jp/

印刷・製本　株式会社 研文社

落丁・乱丁本はおとりかえいたします

ISBN978-4-86395-783-1 C0030
写真：時事／EPA ＝時事／ AFP ＝時事／ Rise/PIXTA
時事/フィリピン国軍関係者提供／ dpa/時事通信フォト

大川隆法 霊言シリーズ・世界の政治指導者の本心

プーチン大統領の新・守護霊メッセージ

独裁者か? 新時代のリーダーか? ウクライナ問題の真相、アメリカの矛盾と限界、日ロ関係の未来など、プーチン大統領の驚くべき本心が語られる。

1,400円

オバマ大統領の新・守護霊メッセージ

英語霊言 日本語訳付き

日中韓問題、ＴＰＰ交渉、ウクライナ問題、安倍首相への要望……。来日直前のオバマ大統領の本音に迫った、緊急守護霊インタビュー!

1,400円

守護霊インタビュー ドナルド・トランプ アメリカ復活への戦略

英語霊言 日本語訳付き

次期アメリカ大統領を狙う不動産王の知られざる素顔とは? 過激な発言を繰り返しても支持率トップを走る「ドナルド旋風」の秘密に迫る!

1,400円

大川隆法 霊言シリーズ・緊迫する東アジア情勢を読む

中国と習近平に未来はあるか
反日デモの謎を解く

「反日デモ」も、「反原発・沖縄基地問題」も中国が仕組んだ日本占領への布石だった。緊迫する日中関係の未来を習近平氏守護霊に問う。【幸福実現党刊】

1,400円

北朝鮮・金正恩はなぜ「水爆実験」をしたのか
緊急守護霊インタビュー

2016 年の年頭を狙った理由とは? イランとの軍事連携はあるのか? そして今後の思惑とは? 北の最高指導者の本心に迫る守護霊インタビュー。

1,400円

緊急・守護霊インタビュー 台湾新総統 蔡英文の未来戦略

台湾新総統・蔡英文氏の守護霊が、アジアの平和と安定のために必要な「未来構想」を語る。アメリカが取るべき進路、日本が打つべき一手とは?

1,400円

※表示価格は本体価格(税別)です。

大川隆法ベストセラーズ・国際政治・外交を考える

国際政治を見る眼
世界秩序《ワールド・オーダー》の新基準とは何か

日韓関係、香港民主化デモ、深刻化する「イスラム国」問題など、国際政治の論点に対して、地球的正義の観点から「未来への指針」を示す。

1,500円

「忍耐の時代」の外交戦略 チャーチルの霊言

もしチャーチルなら、どんな外交戦略を立てるのか？〝ヒットラーを倒した男〟が語る、ウクライナ問題のゆくえと日米・日ロ外交の未来図とは。

1,400円

外交評論家・岡崎久彦 —後世に贈る言葉—

帰天後3週間、天上界からのメッセージ。中国崩壊のシナリオ、日米関係と日ロ外交など、日本の自由を守るために伝えておきたい「外交の指針」を語る。

1,400円

大川隆法霊言シリーズ・国防への指針を示す

横井小楠 日本と世界の「正義」を語る

起死回生の国家戦略

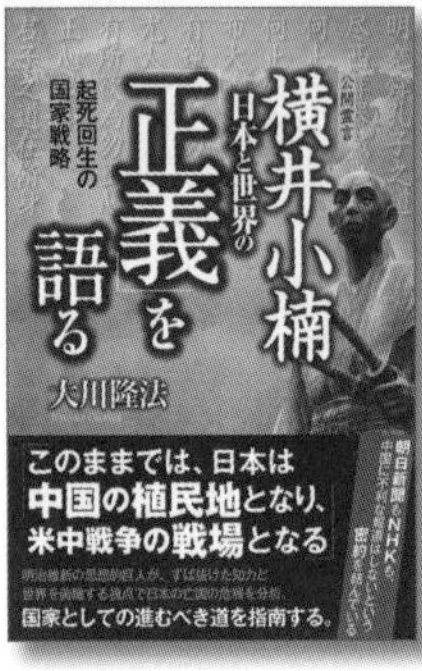

明治維新の思想的巨人は、現代日本の国難をどう見るのか。ずば抜けた知力と世界を俯瞰する視点で、国家として進むべき道を指南する。【幸福実現党刊】

1,400円

佐久間象山 弱腰日本に檄を飛ばす

国防、財政再建の方法、日本が大発展する思想とは。明治維新の指導者・佐久間象山が、窮地の日本を大逆転させる秘策を語る!【幸福実現党刊】

1,400円

秋山真之の日本国防論

同時収録
乃木希典・北一輝の霊言

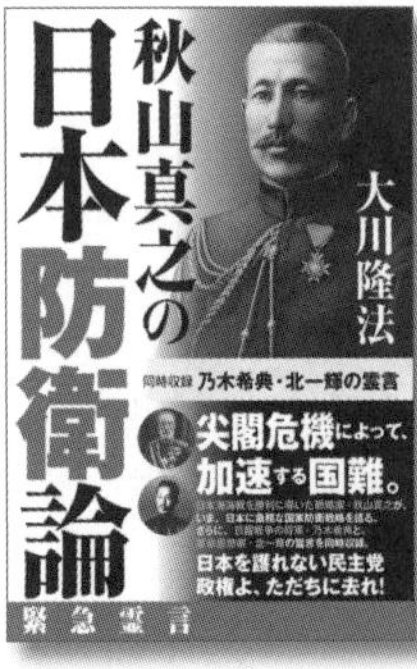

日本海海戦を勝利に導いた天才戦略家・秋山真之が、国家防衛戦略を語る。さらに、日露戦争の将軍・乃木希典と、革命思想家・北一輝の霊言を同時収録!
【幸福実現党刊】

1,400円

※表示価格は本体価格(税別)です。

大川隆法ベストセラーズ・伝統仏教の問題点を考える

公開霊言
親鸞よ、「悪人こそ救われる」は本当か

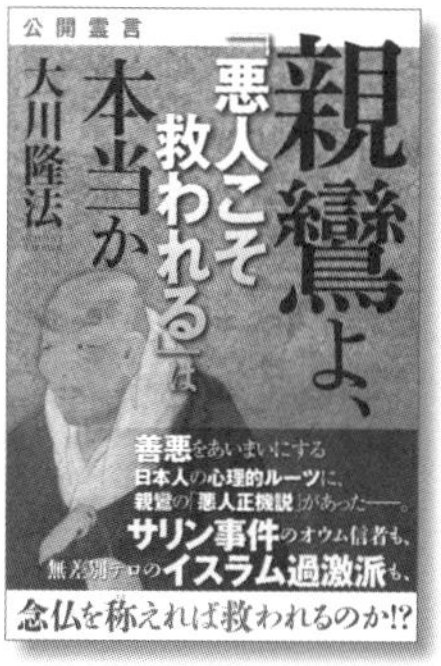

尖閣でも竹島でも、なぜ日本人は正義を毅然と主張できないのか。日本人のメンタリティーの源流を親鸞の「悪人正機説」に探る。

1,400円

他力信仰について考える

仏の「慈悲」と「救済」とは何か。源信、法然、親鸞の生涯と思想と歴史的背景を説き明かし、「他力信仰」の全体像と問題点を明らかにする。

1,500円

不成仏の原理
霊界の最澄に訊く

悟りとは何か。死後の魂の救済とは何か。東日本大震災で、この世の無常を思い知らされた日本人に、今、仏教の原点を説き明かす。日本天台宗開祖・最澄の霊言を同時収録。

1,800円

大川隆法シリーズ・新刊

心を練る 佐藤一斎の霊言

幕末の大儒者にして、明治維新の志士たちに影響を与えた佐藤一斎が、現代の浅薄な情報消費社会を一喝し、今の日本に必要な「志」を語る。

1,400円

手塚治虫の霊言

復活した〝マンガの神様〟、夢と未来を語る

「鉄腕アトム」「ブラック・ジャック」など、数々の名作を生み出したマンガの神様が語る「創作の秘訣」。自由でユーモラスな、その発想法が明らかに。

1,400円

南原宏治の「演技論」講義

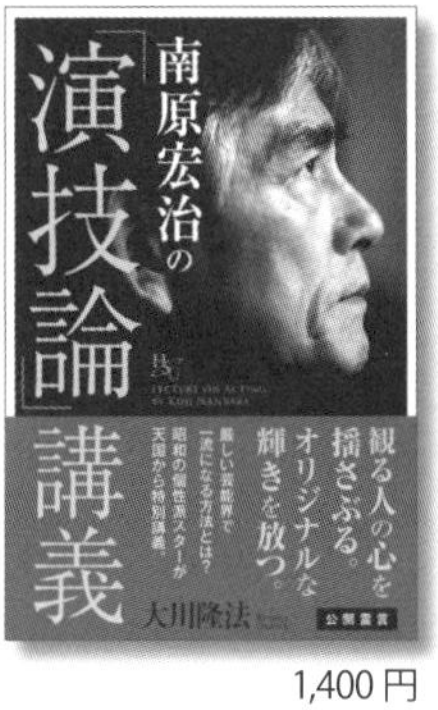

天使も悪役も演じられなければ、本物になれない――。昭和を代表する名優・南原宏治氏が、「観る人の心を揺さぶる演技」の極意を伝授！

1,400円

幸福の科学グループのご案内

宗教、教育、政治、出版などの活動を通じて、地球的ユートピアの実現を目指しています。

幸福の科学

一九八六年に立宗。信仰の対象は、地球系霊団の最高大霊、主エル・カンターレ。世界百カ国以上の国々に信者を持ち、全人類救済という尊い使命のもと、信者は、「愛」と「悟り」と「ユートピア建設」の教えの実践、伝道に励んでいます。

（二〇一六年四月現在）

愛

幸福の科学の「愛」とは、与える愛です。これは、仏教の慈悲《じひ》や布施《ふせ》の精神と同じことです。信者は、仏法真理をお伝えすることを通して、多くの方に幸福な人生を送っていただくための活動に励んでいます。

悟り

「悟り」とは、自らが仏の子であることを知るということです。教学《きょうがく》や精神統一によって心を磨き、智慧《ちえ》を得て悩みを解決すると共に、天使・菩薩《ぼさつ》の境地を目指し、より多くの人を救える力を身につけていきます。

ユートピア建設

私たち人間は、地上に理想世界を建設するという尊い使命を持って生まれてきています。社会の悪を押しとどめ、善を推し進めるために、信者はさまざまな活動に積極的に参加しています。

国内外の世界で貧困や災害、心の病で苦しんでいる人々に対しては、現地メンバーや支援団体と連携して、物心両面にわたり、あらゆる手段で手を差し伸べています。

年間約３万人の自殺者を減らすため、全国各地で街頭キャンペーンを展開しています。

公式サイト **www.withyou-hs.net**

ヘレン・ケラーを理想として活動する、ハンディキャップを持つ方とボランティアの会です。視聴覚障害者、肢体不自由な方々に仏法真理を学んでいただくための、さまざまなサポートをしています。

公式サイト **www.helen-hs.net**

INFORMATION

お近くの精舎・支部・拠点など、お問い合わせは、こちらまで！

幸福の科学サービスセンター

TEL. 03-5793-1727 (受付時間 火～金:10～20時／土・日・祝日:10～18時)

幸福の科学 公式サイト happy-science.jp

幸福の科学グループの教育・人材養成事業

教育

学校法人 幸福の科学学園

学校法人 幸福の科学学園は、幸福の科学の教育理念のもとにつくられた教育機関です。人間にとって最も大切な宗教教育の導入を通じて精神性を高めながら、ユートピア建設に貢献する人材輩出を目指しています。

幸福の科学学園

中学校・高等学校（那須本校）
2010年4月開校・栃木県那須郡（男女共学・全寮制）
TEL **0287-75-7777**
公式サイト **happy-science.ac.jp**

関西中学校・高等学校（関西校）
2013年4月開校・滋賀県大津市（男女共学・寮及び通学）
TEL **077-573-7774**
公式サイト **kansai.happy-science.ac.jp**

仏法真理塾「サクセスNo.1」 TEL **03-5750-0747**（東京本校）
小・中・高校生が、信仰教育を基礎にしながら、「勉強も『心の修行』」と考えて学んでいます。

不登校児支援スクール「ネバー・マインド」 TEL **03-5750-1741**
心の面からのアプローチを重視して、不登校の子供たちを支援しています。
また、障害児支援の**「ユー・アー・エンゼル!」運動**も行っています。

エンゼルプランV TEL **03-5750-0757**
幼少時からの心の教育を大切にして、信仰をベースにした幼児教育を行っています。

シニア・プラン21 TEL **03-6384-0778**
希望に満ちた生涯現役人生のために、年齢を問わず、多くの方が学んでいます。

NPO 活動支援

いじめから子供を守ろうネットワーク

学校からのいじめ追放を目指し、さまざまな社会提言をしています。また、各地でのシンポジウムや学校への啓発ポスター掲示等に取り組む一般財団法人「いじめから子供を守ろうネットワーク」を支援しています。

ブログ **blog.mamoro.org**
公式サイト **mamoro.org**
相談窓口 **TEL.03-5719-2170**

政治

幸福実現党

内憂外患《ないゆうがいかん》の国難に立ち向かうべく、二〇〇九年五月に幸福実現党を立党しました。創立者である大川隆法党総裁の精神的指導のもと、宗教だけでは解決できない問題に取り組み、幸福を具体化するための力になっています。

幸福実現党 釈量子サイト
shaku-ryoko.net

Tiwitter
釈量子@shakuryoko
で検索

党の機関紙
「幸福実現NEWS」

幸福実現党 党員募集中

あなたも幸福を実現する政治に参画しませんか。

○幸福実現党の理念と綱領、政策に賛同する18歳以上の方なら、どなたでも党員になることができます。

○党員の期間は、党費（年額 一般党員5千円、学生党員2千円）を入金された日から1年間となります。

党員になると

党員限定の機関紙が送付されます。
（学生党員の方にはメールにてお送りします）
申込書は、下記、幸福実現党公式サイトでダウンロードできます。

住所：〒107-0052
東京都港区赤坂2-10-8 6階
幸福実現党本部

TEL 03-6441-0754
FAX 03-6441-0764
公式サイト hr-party.jp
若者向け政治サイト truthyouth.jp

出版メディア事業

幸福の科学出版

大川隆法総裁の仏法真理の書を中心に、ビジネス、自己啓発、小説など、さまざまなジャンルの書籍・雑誌を出版しています。他にも、映画事業、文学・学術発展のための振興事業、テレビ・ラジオ番組の提供など、幸福の科学文化を広げる事業を行っています。

アー・ユー・ハッピー？
are-you-happy.com

ザ・リバティ
the-liberty.com

幸福の科学出版
TEL **03-5573-7700**
公式サイト **irhpress.co.jp**

THE FACT
ザ・ファクト
マスコミが報道しない
「事実」を世界に伝える
ネット・オピニオン番組

Youtubeにて
随時好評配信中！

ザ・ファクト 検索

NEW STAR PRODUCTION

ニュースター・プロダクション

ニュースター・プロダクション(株)は、世界を明るく照らす光となることを願い活動する芸能プロダクションです。二〇一六年三月には、ニュースター・プロダクション製作映画「天使に〝アイム・ファイン〟」を公開。

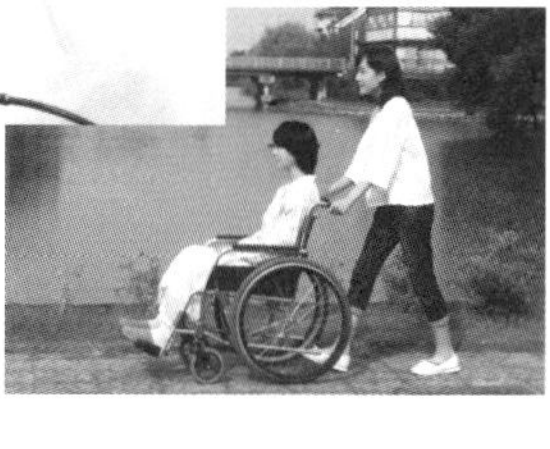

映画「天使に〝アイム・ファイン〟」のワンシーン(下)と撮影風景(左)。

公式サイト
newstar-pro.com

入会のご案内

あなたも、幸福の科学に集い、ほんとうの幸福を見つけてみませんか？

幸福の科学では、大川隆法総裁が説く仏法真理をもとに、
「どうすれば幸福になれるのか、また、
他の人を幸福にできるのか」を学び、実践しています。

入会

大川隆法総裁の教えを信じ、学ぼうとする方なら、どなたでも入会できます。入会された方には、『入会版「正心法語」』が授与されます。（入会の奉納は1,000円目安です）

ネットでも**入会**できます。詳しくは、下記URLへ。
happy-science.jp/joinus

三帰《さんき》誓願《せいがん》

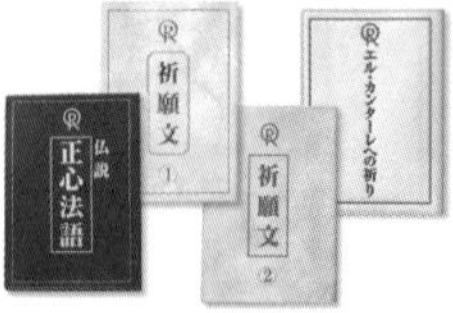

仏弟子としてさらに信仰を深めたい方は、仏・法・僧の三宝への帰依を誓う「三帰誓願式」を受けることができます。三帰誓願者には、『仏説・正心法語』『祈願文①』『祈願文②』『エル・カンターレへの祈り』が授与されます。

植福《しょくふく》の会

植福は、ユートピア建設のために、自分の富を差し出す尊い布施の行為です。布施の機会として、毎月1口1,000円からお申込みいただける、「植福の会」がございます。

ご希望の方には、幸福の科学の小冊子（毎月1回）をお送りいたします。詳しくは、下記の電話番号までお問い合わせください。

月刊
「幸福の科学」

ザ・伝道

ヤング・ブッダ

ヘルメス・
エンゼルズ

INFORMATION | **幸福の科学サービスセンター**
TEL. 03-5793-1727（受付時間 火～金：10～20時／土・日・祝日：10～18時）
幸福の科学 公式サイト **happy-science.jp**